다른 세상을 위한 7가지 대안

Systemic Alternatives
by Pablo Solón, Geneviève Azam, Christophe Aguiton, Elizabeth Peredo Beltrán
First published by Fundación Solón, Attac France, Focus on the Global South
All Rights Reserved.
Korean translation © 2018 Bona Liber Cooperative

다른 세상을 위한
7가지 대안

SYSTEMIC ALTERNATIVES

비비르 비엔, 탈성장, 커먼즈,
생태여성주의, 어머니지구의 권리,
탈세계화, 상호보완성

파블로 솔론, 크리스토프 아기똥 외 | 지음 김신양, 김현우, 허남혁 | 옮김

COOPERATIVE
착한책가게

차 례

옮긴이의 말

어떻게 사는 게 잘 사는 걸까? 아니 그보다 '잘 산다'는 건 무슨 뜻일까? 이 책의 첫 장은 우리에게 이 질문을 던지며 시작한다. 그러니까 잘 살 수 있는 방법이나 잘 살기 위한 조건에 대해 말하기보다는 사람으로서, 한 생명으로서 잘 산다는 게 도대체 무엇을 의미하는지를 묻고 있다.

비비르 비엔Vivir Bien을 글자 그대로 해석하면 '잘 살기'이지만 사실 그 말이 묻는 건 '참된 삶'에 관한 것이다. 잘하고 못하고, 잘나고 못나고가 아니라 사람으로서 살아가면서 해야 할 도리에 대해 말한다. 하지만 그 도리라는 게 인간세상에서 사람들과 맺는 관계만이라고 상정하지 않는 다. 나(사람)를 둘러싼 환경, 그 환경 속의 살아있는 것과 살아있지 않은 것들, 심지어 땅속과 바다 속의 것들과 하늘 위에 있는 새와 구름과 보이 지 않는 공기와 떨어지는 빗방울까지 다 나와의 관계 속에서 존재하는 이웃이다. 우리는 함께 살아가는 공생관계이다.

그래서 '어머니지구의 권리'는 이 세상을 사람중심으로 보면서 사람 아닌 것들을 이용만 하고 버리지 말고 존중하자는 것이다. 그것들과 우리가 이 지구에서 평등하다는 생각을 하며 같이 살 수 있는 방안을 마련해보자는 제안이다. 그렇게 된다면 우리는 성장이라는 이름으로 자연의 자원을 고갈시키고 사람의 피를 말리는 노동문화를 강요하는 죽임의 문명에서 벗어날 수 있을 것이다. 그래서 탈성장의 슬로건은 성장 경쟁 때문에 어떻게든 많이 생산하고 무엇이든 상품으로 만들기 위해 인간의 노동력을 착취하고 삶의 터전을 파괴하며 제 살 깎아 먹는 허망한 짓을 그만하자고 호소한다.

애초에 나와 너, 내 것과 네 것을 구분하고, 내 생각과 네 생각을 구분하는 것 자체가 문제는 아니었다. 다른 걸 다르다고 하는 게 뭐가 문제겠는가? 문제는 다른 것이 왜 싸움의 이유가 되고 갈등의 원인이 되어야 하는가에 있다. 사촌이 땅을 사면 배가 아픈 까닭이 뭘까? 사촌의 땅에서 나도 눈치 안 보고 나물 캐고 뛰어놀 수 있다면 배 아플 이유가 없지 않겠는가? 그가 가져서라기보다는 그가 가져서 어떻게 사용하는가가 문제이다. 재산이라는 것이 배타적인 사용권이 되지 않는다면 누가 가진다고 배 아플 까닭이 없을 것이다. '커먼즈'에서 우리는 임대수입이 노후대책이 되고, 부동산 투기로 삶의 터전을 잃는 서민의 고달픔을 돌아보게 된다. 자연의 것인 땅과 물과 숲, 역사를 통해 이어져 내려온 지혜, 그리고 함께 만들어온 공동의 지식을 함께 누리기 위해 함께 관리할 때 우리는 함께 기뻐하고 함께 잘 살게 되지 않겠는가.

　그리고 너무나 아픈 여성의 문제. 인간의 역사만큼이나 길었던 여성의 억압, 무시, 폭력, 혐오. 길게 말하지 않아도 될 만큼 지금 우리 사회가 몸살을 앓고 있는 이유 중 하나이다. 가부장제라는 이름으로 이어져온 그 억압의 메커니즘은 단지 가정에서 여성의 지위와 노동이 무시된 것으로 끝나지 않는다. 정치, 경제, 문화 등 모든 영역에서 여성의 활동과 참여 자체가 커다란 벽에 갇혀 오르지 못하는 나무를 쳐다보며 한숨짓는 세월을 만들어왔다. 생태여성주의는 그 억압의 구조가 만들어진 원인과 인간이 자연을 바라보는 시선이 무관하지 않았음을 일깨워준다. 이 사회가 돌보고 보살피는 존재는 약한 존재라는 인식, 그래서 지배하고 빼앗아도 된다는 정복자의 태도로 일관해 왔음을 똑바로 보라고 소리친다. 하지만 생태여성주의는 동정을 구하지 않고 당당히 싸우며 기울어진 인간세상의 관계를 수평으로 만들기 위해 조직되어 나서는 것이다.

　탈세계화의 슬로건은 자기 나라, 자기 지역으로 웅크려 끼리끼리 잘 살자는 제안이 아니다. 이미 지구촌이라 말하면서 진정한 공동체가 되지 못하고 다국적기업과 초국적기업만 자유로운 공간이 되는 시장화의 길을 벗어나자는 제안이다. 결국 지구촌의 모든 사람과 지역과 자연이 상품이 되는 길을 벗어나 각자 자기다움을 잃지 않고 살 수 있는 참다운 지구공동체로 갈 수 있도록 방향을 틀자는 것이다. 그래서 '다른 세상은 가능하다'라는 슬로건은 아직 실현되지 않았지만 가능하다는 믿음을 담은 공동의 소망이다.

지금껏 사회의 변화를 바라는 많은 주장과 이론과 제안이 있었다. 하지만 진보와 보수, 좌파와 우파, 다수와 소수, 그렇게 나누는 것도 어쩌면 힘의 논리, 옳고 그름의 논리, 너와 나를 분리하는 논리일지도 모른다. 이른바 이분법적인 논리다. 한쪽 편을 들어야 하기에 한쪽을 버려야 하는. 이런 논리에서 공존, 공생, 통합이라는 것은 어떻게 가능할까?

이 책의 원제목인 'Systemic Alternatives'는 이념에서 미래의 방향을 찾고 전망을 내오자는 게 아니다. 여러 선택지에서 취사선택하여 나머지를 버리자는 논리도 아니다. 먼저 이 세상을 이해하자는 것이다. 그래서 세상이 살기 어려워진 핵심적인 이유를 추려서 그것을 바탕으로 다른 방향으로 틀 수 있는 열쇠를 제공한다. 상호보완성은 그 모든 길이 서로 조율되고 상호 보완되어야 완전체가 된다는 커다란 협동의 원칙을 알려준다.

다른 세상이라는 것은 정치를 바꾼다고만 올 수 있는 것이 아닐 것이다. 한 사람의 삶의 방식이 변화하는 것에서 시작된다. 남자와 여자의 관계, 그리고 공공부문과 경제부문과 시민사회 간의 역할과 중요성과 관계의 변화 등 나부터 시작하여 고구마 줄기처럼 줄줄이 딸려 나오는 크고 작은 많은 변화를 수반할 것이다.

나 아닌 너, 우리를 생각하는 것도 버거운 지금의 우리. 하지만 내 안에 숨은 열망은 참다운 삶, 참다운 관계, 살 만한 세상을 바라고 있다. 그래서 이 책은 우리에게 도전을 던진다. '다른 세상은 가능하다'는 구호 이전에 '다르게 사는 게 가능할까?'를 스스로에게 물어보라고.

2018년 4월, 옮긴이를 대표하여 김신양

들 어 가 며

    이 책은 우리가 시스템 대안을 통해서만 해결할 수 있는 시스템 위기의 시대를 살아가고 있다는 데서 출발한다. 인류는 환경적, 경제적, 사회적 위기에서 문명적 위기까지 여러 복합적인 위기를 직면하고 있다. 이 모든 위기는 전체의 일부다. 이 위기 중 어느 하나도 다른 위기와 함께 다루지 않고서는 해결할 수 없다. 왜냐하면 각각의 위기는 서로 끊임없이 상호작용을 하기 때문이다. 그러므로 위기의 한 차원에만 집중하는 전략으로는 현재의 시스템 위기를 해결할 수 없을 것이며, 오히려 지금의 상황을 더욱 악화시킬 수도 있다.

    8천 년 전 처음 문명이 생겨난 이래 인류는 여러 차원이 결합된 다양한 위기를 겪어왔다. 하지만 우리가 이 행성의 구석구석까지 영향을 받고 있는 지구적 위기에 맞닥뜨린 것은 처음이다. 심지어 이 위기는 기후

의 안정성 덕분에 여러 문명이 출현할 수 있었던 홀로세Holocene라는 지질
시대마저 바꾸고 있다.* 이제는 특정 문명만이 아니라 인류와 생명 전체
의 운명에 사활이 걸렸다고 할 정도로 위기의 규모 또한 어마어마하다.
이렇듯 대규모의 시스템 위기는 지구의 여섯 번째 멸종을 야기하고 있
다. 그렇게 되면 지구 행성은 존속하겠지만, 인간 생명을 포함하여 수백
만 종의 생명이 발전할 수 있었던 환경적 조건이 완전히 파괴될 것이다.

이러한 시스템 위기는 여러 요인들이 결합되어 일어난 것이지만, 그
중에서도 대표적인 것은 지구와 인간을 희생하면서 끊임없이 이윤을 추
구하는 자본주의 체제이다. 자본주의 체제는 종들의 멸종, 생물다양성의
상실, 인간성 파괴를 야기하며 지구가 감당할 수 있는 한계를 넘어서고
있다. 그러므로 이 위기를 자본주의의 발전과정에서 볼 수 있었던 주기
적 위기로 간주해서는 안 될 것이다. 주기적 위기는 한순간 침체를 겪은
다음 다시 기록적인 성장세를 보이며 회복되지만 지금 겪는 위기는 그런
류의 위기가 아니라는 말이다. 지금의 위기는 지구상의 모든 생명에 영
향을 미치고, 이제 더 이상 자본주의 체제 안에서는 회복할 방법을 찾을
수 없을 정도로 독자적인 동력을 가지는 심각한 위기이기 때문이다.

자본주의는 그 내부 모순에 의해 스스로 파괴되기는커녕, 이윤율을

---

* 일부 지질학자들은 현 지질시대를 '홀로세'로 불리어 온 신생대 제4기 충적세에 이은 '인류세
(Anthropocene)'로 볼 것을 제안하고 있다. 인류세라는 용어는 네덜란드의 화학자 파울 크뤼천이 2000년
에 처음 제안한 것으로, 인류가 자연환경을 파괴해 지구의 환경이 결정적으로 변하게 되었음을 의미한
다.-옮긴이

높이기 위해 사람의 노동력과 이 행성이 가진 자원의 마지막 한 방울까지 짜내면서 재건되며 새로운 메커니즘을 찾아가고 있다. 이러한 체제하에서는 모든 것이 상품화될 수 있다. 자연재해, 금융투기, 군사주의, 인신매매, 산림과 물과 같은 이른바 '환경서비스'까지, 모든 것이 새로운 사업의 '기회'가 된다. 자본주의에는 한계가 없다. 초과착취, 과잉소비, 폐기는 유한한 이 행성에서 무한한 성장을 요구하는 자본주의 체제의 핵심 동력이 되었다. 이 체제가 남긴 건 불평등의 심화와 자연적인 생명 순환의 파괴뿐이다.

우리가 자본주의의 재구성 과정에 대해 철저히 파악하지 못하면 현 체제에 대한 대안을 만들 수 없을 것이다. 자본주의는 모든 상황에 적응하고, 모든 것을 포착하고, 탈바꿈하며 엄청난 유연성을 가지며 지속하고 있다. 진보적 운동이나 사상으로 출발했던 것들도 어느 틈엔가 자본주의에 포섭되고 변형되면서 이 체제를 유지하고 재생하는 데 활용되었다.

그런데 자본주의가 지금의 시스템 위기를 일으킨 주요인인 것은 사실이지만 그것만이 유일한 요인이라고 할 수 없을 것이다. 또 다른 핵심 원인은 자본주의를 탄생시켰을 뿐 아니라 심지어 자본주의를 극복하려고 했던 경제체제하에서도 살아남은 생산주의와 채굴주의*다. 사회는 끊임

---

* 채굴주의(extractivism)는 수출을 목적으로 다량의 원자재를 캐내는 과정을 뜻한다. 채굴된 자원의 대부분은 해외로 수출되는데 그 까닭은 채굴된 본국에서는 거의 수요가 없기 때문이다.—옮긴이

없는 경제성장에 기반하여 번영한다는 생산주의와 채굴주의의 관점은 11,000년 전에 형성된 지구 시스템 내의 기후 균형을 파괴하는 결과를 초래했다.

이러한 요소들에 더하여 가부장적 제도와 문화 또한 중요한 요인이다. 가부장적 제도와 문화는 여러 세기를 이어오면서 공적, 사적 영역에서 다양한 형태의 권력 집중으로 형성된 특권 엘리트층을 지탱하는 토대가 되었다. 자본주의가 가부장제를 만든 것은 아니지만, 가부장제는 여성을 비롯한 여러 사회 조직들이 시장의 외곽에서 발전시킨 돌봄과 재생산 활동을 은폐하고 무가치한 것으로 만들면서 자본주의를 강화하는 데 기여했다.

끝으로, 인간이 자연과 분리된 존재이며, 심지어 자연보다 우월한 존재라고 간주하는 인간중심주의에 주목할 필요가 있다. 가부장제가 여성을 객체로 보는 것과 마찬가지로, 인간중심주의는 자연을 인간 및 남성의 이익을 위해 착취해도 되고 변형시켜도 되는 것으로 생각한다. 일부 전자본주의pre-capitalist 사회에서도 이미 이러한 인간중심주의가 존재했지만 산업혁명 및 기술발전과 더불어 급속히 확대되었다.

이러한 맥락에서 우리가 시스템 대안의 건설에 대해 이야기할 때 자본주의에 대한 대안뿐 아니라 가부장제, 생산주의, 채굴주의 그리고 인간중심주의에 맞서고 극복할 수 있는 전략들도 주목해야 한다.

대안은 무에서 생겨나지 않는다. 그것은 사회운동의 투쟁 속에서, 그 투쟁의 구체적인 경험과 기획, 승리, 패배, 그리고 부활 속에서 생겨나는 것이다. 대안은 현실을 분석하고, 실천하고, 제안된 것들이 현실에서 검증되는 과정에서 생겨난다.

대안은 단지 하나가 아니다. 많은 대안들이 있다. '비비르 비엔Vivir Bien'이라는 개념처럼 원주민들에게서 나온 것도 있고, 탈성장degrowth처럼 이 행성의 한계를 넘어버린 선진국의 자각에서 나온 것들도 있다. 생태여성주의Ecofeminism는 인간중심주의와 현재의 가부장제를 극복할 열쇠를 쥐고 있는 여성에 주목한다. 어머니지구의 권리Rights of Mother Earth는 자연과 새로운 형태의 관계를 정립할 것을 추구한다. 커먼즈commons는 인간 공동체의 자주관리를 강조한다. 탈세계화deglobalization는 지금의 세계화 과정을 분석하여 사람과 자연을 중심에 두는 세계 통합을 이루기 위한 대안을 개발하는 데 역점을 두고 있다.

위에서 언급한 제안들만이 시스템 대안을 구축하는 데 기여할 수 있는 것은 아니다. 생태사회주의, 먹거리주권, 연대의 경제, 우분투 등 다른 관점을 가진 다양한 비전이 대안을 구축하는 데 기여할 수 있다. 하지만 이 모두는 각각 강점과 한계, 모순과 공통점을 지니고 있으며, 모두가 다 완결된 구조를 가지지 않은 제안이다. 이 제안들은 제각기 해답을 낼 수 있는 퍼즐의 조각들이며, 시스템 위기가 심화되면 덩달아 바뀔 수 있는 조각들이기도 하다.

비비르 비엔, 탈성장, 생태여성주의, 탈세계화, 어머니지구의 권리, 커먼즈, 이 제안들 중 그 어느 것도 하나만으로는 시스템 위기에 제대로 맞설 수 없다. 이 제안 전부 다, 그리고 다른 많은 것들이 시스템 대안을 엮어나가기 위하여 서로 보완해 나가야 할 것들이다.

상호보완성complementarity은 하나의 전체를 형성하기 위하여, 우리가 맞닥뜨린 복합적인 문제에 대응하도록 해주는 다른 이들과 결합하고 그들에게서 배우기 위하여, 다른 전망을 통해서도 자신이 생각하는 결론이 도출될 수 있는지 검증하기 위하여, 각자의 관점뿐 아니라 공통의 약점과 간극을 발견하기 위하여, 그리고 좀 더 깊은 시스템 대안을 건설하기 위하여, 서로서로 보완한다는 뜻이다.

상호보완성은 여러 비전을 상호 보완하여 하나의 대안만 도출하는 것이 아니라 다중적인 시스템 대안을 개발한다는 데 의의가 있다. 왜냐하면 이 지구 행성 위에서 다양한 현실은 상호작용하기에 여러 가지 시스템 대안이 필요하기 때문이다. 그래서 우리는 시스템 대안systemic alternative's을 복수형으로 사용한다. 이 책의 목적은 바로 이러한 다양한 비전들 사이에 건설적이고 창조적인 대화가 이루어지도록 촉진하는 것이다.

이 책은 남반구 포커스Focus on the global South, 아탁Attac—프랑스, 그리고 볼리비아 솔론재단의 협력사업인 '시스템 대안 프로젝트Systemic Alternatives initiative'의 결과물이다. 이 책의 각 장은 저자들의 견해에 따라 서술되었지만, 시스템 대안 프로젝트에서 조직하고 빈곤 퇴치와 개발을 위한 가톨릭위원회CCFD, 패스튼오퍼Fastenopfer 그리고 DKA가 감사하게도 후원해준 여러 행사와 의견 교환을 통해 이루어진 상호작용과 공동 노력의 결과가 반영되어 있다.

　이 책의 편집자들은 이 책의 발간으로 새로운 논쟁이 벌어지기를 바라며, 우리가 맞닥뜨린 시스템 위기에 대응하고자 제안된 의견들이 더욱 심화되고 구체화될 수 있기를 희망한다.

- 파블로 솔론 -

비비르 비엔
Vivir Bien

안데스 원주민공동체에게 배우는 '참다운 삶'의 지혜

*＊＊

비비르 비엔*은 아직 확실히 정립되지 않은 개념이다. 많은 과정을 거치며 논의되어 왔지만 아직 하나로 정의된 바는 없으며 지금도 많은 논쟁이 이루어지고 있다. 물론 오늘날 일부 공적 제도에서 비비르 비엔이 언급되고 있기는 하다. 하지만 그 의미는 10여 년 전 신자유주의에 반대하며 싸우던 비비르 비엔 활동가들이 상상했던 것과는 아주 거리가 멀다고 할 수 있다. 그러니 비비르 비엔은 토론과 논란의 장이며, 거기에 하나의 절대적인 진리가 있을 수는 없을 것이다. 비비르 비엔이라는 이름으로 많은 진실뿐 아니라 헤아릴 수 없을 정도로 많은 거짓말이 공인되고 있는 것이다.

비비르 비엔이란 개념은 여러 단계를 거쳐 왔다. 30여 년 전에는 남미에서 어느 누구도 이러한 비전에 대해 얘기한 적이 없다. 당시에는 남미 안데스 산맥에 사는 원주민의 지식과 실천, 조직을 아우르는 시스템을 담은 사상체계를 표현하는 것으로 볼리비아 아이마라족의 '수마 카마냐suma qamaña'와 에콰도르 케추아족의 '수막 카우사이sumaq kawsay'와 같은 것만 존재했다. 수마 카마냐와 수막 카우사이는 안데스공동체들의

---

*　　스페인어로, 볼리비아에서는 비비르 비엔, 에콰도르에서는 부엔 비비르(Buen Vivir)로 표현된다. 영어로는 Good Living 혹은 Well Living으로 번역하기도 하지만 딱 들어맞는 표현은 아니므로 이 글에서는 원문을 그대로 싣기로 한다. ─옮긴이

삶의 현실이었고, 아이마라족과 케추아족은 인류학자와 지식인들의 연구 대상이었다. 20세기 내내 이러한 비전은 도시지역의 광범위한 좌파 및 노동운동 조직에는 알려지지 않았었다.

수마 카마나와 수막 카우사이는 몇 세기 전에 생긴 것으로, 안데스공동체들 안에서는 여전히 존재하지만 근대화와 개발주의의 압력으로 다소 후퇴하는 상황이다. 남미의 다른 원주민 부족들에서 찾아볼 수 있는 비슷한 용어로 과라니족*의 Teko Kavi(훌륭한 삶)와 Ñande reko(조화로운 삶), 에콰도르 슈아르족의 Shiir Waras(내적 평화와 자연과의 조화로운 삶), 칠레와 아르헨티나에 있는 마푸체족의 Küume Mongen(조화로운 삶) 등이 있다.

비비르 비엔 개념은 20세기 말~21세기 초에 등장하여 이론화되기 시작했다. 아마도 신자유주의의 광폭한 영향이나 워싱턴 컨센서스**가 없었더라면 수마 카마나와 수막 카우사이는 결코 비비르 비엔이라는 개념으로 새롭게 탄생하지 않았을 것이다. 소련식 사회주의의 실패와 대안 패러다임의 부재, 민영화의 진전과 자연의 많은 영역이 상품화됨으로써 이루어진 자본주의적 근대화로 인해, 오랫동안 폄하되었던 원주민의 실천과 전망에서 다시 배워야 한다는 각성이 일어난 것이다.

---

* 볼리비아, 파라과이, 남부 브라질에 사는 원주민.—옮긴이
** 1990년대 미국이 중남미 국가들에게 제시했던 미국식 경제체제의 대외 확산 전략. 자율적인 시장경제체제를 바탕으로 한 무역 및 자본의 자유화, 탈규제를 통한 무한경쟁과 정부의 긴축재정, 민영화 및 정부개입 축소 등을 중심으로 한다.—옮긴이

　이러한 재평가의 과정은 이론과 실천 영역에서 동시에 이루어졌다. 남미의 안데스 지역 국가들에서는 신자유주의 정책이 적용되어 수만 명의 노동자들이 해고되었고, 그 결과 사회의 계층구조가 변했다. 볼리비아의 경우 약 한 세기 동안 모든 사회운동 부문의 전위부대 역할을 했던 탄광노동자들은 주변으로 밀려나게 되고, 대신 원주민과 농민들이 전면에 나서게 된 것이다.

　자신들의 영토를 지키고자 한 원주민 부족들의 투쟁은 연대의 물결을 만들어냈을 뿐 아니라 자신의 영토를 스스로 관리한다는 것이 무엇인지 알고자 하는 욕구를 불러일으켰다. 베를린 장벽의 붕괴와 함께 유토피아가 무너지는 것을 경험한 좌파와 진보적 지식인들은 이 원주민 세계관에 대한 연구에 몰두했다. 그리하여 비비르 비엔이라는 개념이 탄생한 것이다.

　사실 비비르 비엔이나 부엔 비비르라는 두 용어가 원주민들의 수마 카마나와 수막 카우사이의 의미를 온전히 살린 번역이라 할 수는 없다. 이는 '자아가 실현된 삶', '온화한 삶', '조화로운 삶', '숭고한 삶', '포용하는 삶' 또는 '삶의 지혜'와 같은 복합적인 의미를 가지는 개념이기 때문이다.

　비비르 비엔은 최근에 생긴 개념으로, 2006년 볼리비아에서 에보 모랄레스가, 2007년 에콰도르에서 라파엘 코레아 정부가 집권할 무렵에는 아직 그 의미가 온전히 정립되지 않았다. 하지만 이 두 나라에서 비비르 비엔은 국가의 새로운 헌법으로 제도화되었고, 다양한 규범적·제도적 근거의 축이 되었다. 비비르 비엔은 점차 공식적인 담화의 중심이 되었으며, 두 나라의 국가발전계획은 이 모델에 따라 만들어졌다.

비비르 비엔이 제도적 차원에서 승리를 거둠으로써 토머스 베리의 '지구법Earth Jurisprudence'과 같이 다른 비전과 보완적인 대안 개념들이 잇달아 등장했다. 지구법은 애초에 비비르 비엔에는 없던 개념인 '어머니지구의 권리'와 '자연의 권리'와 같은 제안들로 발전할 수 있게 이끌었다. 비비르 비엔의 영향력은 가히 어마어마하여 국제적 차원에서는 탈성장, 커먼즈, 생태사회주의 등 일련의 시스템 대안이 이 새로운 비전에 관심을 가지기 시작하였다.

그런데 비비르 비엔이 헌법적 승리를 거둔 순간, 각 나라마다 다른 상황에 구체적으로 적용되면서 새로운 논쟁이 시작되었다. 처음엔 커다란 희망의 원천이었던 것이 이 단계에 접어들면서 심각한 견해 차이에 봉착하게 된 것이다. 비비르 비엔은 볼리비아와 에콰도르에 정말로 적용되었다고 할 수 있을까? 이 나라들은 몇 가지 모순이 있지만 그럼에도 그 목적을 향해 가고 있는 것일까, 아니면 길을 잘못 든 것일까?

이 두 나라의 정부가 권장한 대로 국내 및 국제적 차원에서 비비르 비엔을 적용함에 따라 그 개념은 새롭게 정의되었다. 비비르 비엔의 실체는 무엇인가? 채굴주의에 대한 대안적 전망인가, 아니면 좀 더 인간적이고 자연을 존중하는 새로운 형태의 개발주의인가?

에콰도르에서처럼 볼리비아에서도 비비르 비엔은 다양한 해석을 낳았다. 간단히 말하자면 현재 비비르 비엔에 대해 공식 버전과 재야 버전, 즉 세계은행과 같은 금융기관에서도 통과될 수 있는 조신한 버전과 좀 더 반체제적이고 전복적인 버전이 있다고 할 수 있다. 그런데 해가 바뀜에 따라 입장의 차이와 이견은 점점 더 심해졌다. 현재 이 두 나라에서 오랫동안 비비르 비엔의 지지자였던 이들은 그들의 정부가 비비르 비엔을 적용하지 않는다고 생각하며, 사회운동의 많은 부문이 이 대안들이 실상은 '빈말'일 뿐이라 여기고 있다. 이 두 나라에서 비비르 비엔 패러다임은 위기에 처했다. 왜냐하면 사회의 신용을 잃었기 때문이다. 하지만 그 본질은 남아 있으며, 아직도 두 나라뿐 아니라 전 세계에서 다양한 성찰의 자양분이 되고 있다.

비비르 비엔은 한 나라나 한 지역 차원에서 실현 가능한 것일까? 지난 10년간 정부가 비비르 비엔을 추진하며 저지른 오류는 무엇이며, 거기서 어떤 교훈을 얻을 수 있을까? 어떻게 하면 이 비전이 가지는 원칙에 더욱 적합한 실천을 모색할 수 있을까?

비비르 비엔의 미래는 불확실하다. 오늘날 에콰도르와 볼리비아 정부는 정책을 수립하는 데 있어 비비르 비엔의 전복적인 길을 따라가기보다는 오히려 그들이 해왔던 관습에 꿰맞추려고 한다. 자신들의 버전으로 만들어낸 비비르 비엔의 비전을 찬양하면서 많은 미디어의 지지와 국제기관의 암묵적인 동조를 얻고 있다. 이들은 급진적인 제안을 뿌리 뽑는 가장 효과적인 전략은 제도적인 언어로 바꾸어 표현하는 것임을 아주 잘 알고 있기 때문이다.

이렇듯 논란이 되고, 재고찰되고, 불확실한 미래가 교차하는 상황에서 비비르 비엔을 진정 제대로 펼치기 위해서는 애초에 비비르 비엔이 어떤 제안을 하는지 그 핵심을 짚어보는 것이 중요하다.

/ 비비르 비엔의 핵심 요소

비비르 비엔의 십계명은 없다. 비비르 비엔을 어떤 절대적인 용어로 정의하려 한다면 현재진행형인 이 제안을 옭아매는 셈이 될 것이다. 하지만 그 본질에 접근할 수는 있을 것이다. 비비르 비엔은 문화적, 사회적, 환경적, 경제적 처방전의 세트가 아니다. 그것은 시간과 공간에 대한 철학적 관념에서부터 사람과 자연 간의 관계에 대한 세계관까지 아우르는 역동적이고도 복합적인 혼합물이다.

이 장에서 그 모든 면을 다 다루지는 못하겠지만 시스템 대안의 이론과 실천을 형성하는 데 핵심이 되는 부분을 집중 조명하고자 한다. 커먼즈, 탈성장, 생태여성주의, 탈세계화, 생태사회주의와 같은 다른 대안들과 비교할 때 비비르 비엔이 갖는 힘은 이런 특징을 갖는다. 즉, 전체the whole, 즉 파차Pacha의 비전을 가지는 것으로, 다극성多極性*의 공존, 균형, 다양성 속에서의 상호보완성 그리고 탈식민지화를 추구한다는 점이다.

'전체'와 '파차' 이해하기

시스템을 전환하기 위한 모든 대안을 찾기 위해서는 먼저 전체가 무엇을 뜻하는지 이해해야 한다. 우리가 구상하는 시스템 전환의 과정을

---

*   multipolarity: 정부, 정책, 외교 등의 분야에서 사용되는 용어로서 셋 이상의 국가나 연맹, 당 사이의 권력의 분배를 뜻함—옮긴이

포함하여, 도대체 그 모든 과정을 아우르는 전체란 과연 무엇일까? 우리는 단지 한 나라에서만 심도 깊은 변화를 모색할 수 있을까? 단지 경제적, 사회적 혹은 제도적 측면에만 집중함으로써 성공할 수 있을까? 세계 자본주의 시스템은 그 자체로 전체를 형성하고 있는 것일까, 아니면 더 큰 전체의 부분일 뿐일까?

비비르 비엔에서 전체를 일컫는 개념을 '파차'라고 한다. 안데스인들이 사용하는 이 개념은 종종 지구라는 단어로 단순히 번역되곤 했다. 그래서 파차마마Pachamama를 어머니지구Mother Earth라고 사용하게 된 것이다. 하지만 파차는 시간과 공간이 분리되지 않고 결합된 훨씬 더 넓은 개념이다. 파차는 끊임없이 운동하는 전체이며, 지속적으로 변화를 거듭하는 우주이다. 파차는 인간과 동물과 식물의 세계에만 사용되는 것이 아니라, 태양과 달과 별이 사는 위 세상Hanan Pacha과 죽음과 영혼이 머무는 아래 세상Ukhu Pacha까지도 통틀어 일컫는 말이다. 비비르 비엔에서 전체는 연결되어 있고, 전체는 하나이다.

이 공간에서는 과거와 현재와 미래가 역동적으로 공존하고 상호작용한다. 안데스인들은 시간이란 공간과 독립된 좌표이며 모든 관찰자에게 똑같은 크기를 가지는 것이라고 인식하는 뉴턴의 역학을 적용하지 않는다. 반대로 그들의 세계관은 "과거와 현재와 미래의 차이는 허상이다. 그런데 그 허상은 아주 끈질기다." 라고 한 아인슈타인의 관점과 같다. 파차의 관념에서 과거는 항상 현존하고 미래에 의해 재탄생되는 것이다.

비비르 비엔에서 시간과 공간은 단선적이지 않고 순환적이다. 그래

서 성장과 진보라는 단선적인 개념은 비비르 비엔이라는 전망과 양립할
수 없다. 시간의 곡선은 나선형이다. 미래는 과거에 포개진다. 모든 진전은
뒤로 돌아가는 길이기도 하고, 뒤로 돌아가는 길이 진전이기도 하다. 여기
서 아이마라족의 표현이 나왔다. "앞서가고자 하는 이는 늘 뒤돌아본다."

시간에 대한 이러한 관념은 '발전'의 본질에 대해 의문을 제기한다. 발
전이라 함은 지속적으로 더 높은 단계로 진전하고, 끊임없이 더 나은 상
태나 더 나은 조건을 찾는다는 뜻이다. 비비르 비엔에서는 올라가는 운
명이라는 것은 허상이다. 모든 진전은 선회로 이루어진다. 어떤 것도 영
원하지 않으며, 모든 것은 변화하고 과거와 현재와 미래를 한데 모은다.

파차는 생물과 무생물의 구분이 없다. 모든 것에 생명이 깃들어 있다.
생명은 전체를 이루는 서로 다른 것들이 상호작용함으로써만 설명되는
것이다. 마찬가지로 사람과 자연의 분리도 없다. 우리는 모두 자연의 일
부이며, 전체로서의 파차는 생명을 담고 있다.

> "파차는 기계도 아니고, 데카르트와 같은 근대 유럽 철학자들이 언급
> 했듯 단지 역학의 법칙에 따라 조직되고 움직이는 거대한 기계장치
> 도 아니다. 파차는 살아있는 유기체로서 모든 부분이 상호의존하고
> 끊임없이 교류하는 관계 속에서 서로 영향을 미치는 것이다. 따라서
> 모든 '발전'의 근본 원칙은 총체성 속에서 생명kawsay, Gamaña, Jakaña
> 이 되어야 한다는 것이다. 단지 인간과 동물과 식물의 생명만이 아니
> 라 전체인 파차의 생명이 되어야 하는 것이다."(Estermann, 2012)

인간의 소명은 자연을 통제하는 것이 아니라 우리에게 생명을 준 이들을 보살피듯 자연을 돌보는 것이다. '어머니지구'라는 표현은 이런 점에서 의미가 있다. 사회를 단지 사람들 간의 관계 속에서 이해할 것이 아니라 자연과 전체를 중심에 두는 공동체로서 이해해야 한다. 우리는 끊임없이 순환하고 변화하는 과정에 있는, 서로 분리될 수 없는 전체의 공동체, 파차공동체이다.

수마 카마나와 수막 카우사이는 파차중심주의지 인간중심주의가 아니다. 전체를 인정하고 전체에 소속감을 가지는 것이 비비르 비엔의 핵심이다. 안데스인들의 세계관은 '전체'의 원칙을 존재의 중심에 둔다.

비비르 비엔은 생명의 모든 측면에 집중한다. 물질적 삶이란 생명의 한 측면일 뿐, 생명의 본질이 재화와 물건을 축적하는 것이라고만 보지 않는다. 우리는 잘 먹고, 잘 자고, 잘 마시고, 우리의 개인적인 믿음을 실천하고, 공동체를 위해 일하고, 자연을 돌보고, 연장자를 공경하고, 우리를 둘러싼 것들을 존중하는 법을 배워야 한다. 또한 잘 죽는 법도 배워야 한다. 왜냐하면 죽음도 삶의 순환이라는 전체의 한 부분이기 때문이다. 아이마라족의 철학에서는 서구사회에서 이해하는 것과 같은 죽음, 다시 말해 육신이 지옥이나 천국으로 사라지는 것이라고 생각하는 죽음이란 존재하지 않는다. 그들에게 죽음이란 삶의 한 단면일 뿐이다. 왜냐하면 그 다음에 산맥이나 깊은 호수나 강물 속에서 생명이 다시 나타나기 때문이다(Mamani, 2011).

이런 의미에서 '전체'는 영적인 차원이다. 거기서 나, 공동체, 자연이라는 개념이 서로 뒤섞이고 시간과 공간 속에서 순환하며 조우한다. '전체'를 안으며 사는 것, 그것은 온화함과 존중과 자기이해와 타인에 대한 공감으로 사는 것이다.

파차의 세계관은 다양하고 구체적인 함의를 지닌다. 이에 따르면 좋은 정책이란 전체를 고려해야지 특정한 구성원(요소)만 고려해서는 안 되는 것이다. 사람, 북부국가들*, 엘리트, 물질의 축적 등 어느 한 가지의 이해를 위해 배타적으로 행동하면 반드시 전체의 불균형을 불러오게 된다. 모든 정책은 다양한 차원과 서로 다른 요소들의 상호작용을 고려해야 수립되어야 한다.

다름 속에서 공존하기

비비르 비엔의 비전은 만물이 반대되는 짝으로 이루어져 있다는 이원성二元性에 바탕을 둔다. 순수한 상태의 선善이란 없다. 선과 악은 필연적으로 공존한다. 만물은 이렇기도 하고 저렇기도 하다. 개인과 공동체는 단일한 실체의 두 축이다. '개인들'은 공동체의 공동선을 위해 일하는 조건하에서 '사람들'이 된다. 공동체가 없다면 개인들도 없고, 개별적 존재가

---

* 과거에 선진국, 개발도상국, 후진국으로 구분하던 개념은 산업화 정도에 따라 국가를 서열화하면서 국가 간 불평등의 원인과 관계를 부각하지 못하는 한계가 있어 새롭게 등장한 개념이다. 특히 이 개념은 가난한 나라가 대부분 과거에 제국주의 국가들의 식민지였고, 현재는 불공정한 국제교역에 의해 선진국에 의해 여전히 수탈되고 종속되어 있다는 점을 드러내고자 한다. 대부분의 가난한 나라가 남반구에 있고 부유한 나라가 북반구에 있지만 예컨대 호주나 뉴질랜드 등은 남반구에 있어도 남부국가가 아니므로 단지 지리적인 의미만을 담고 있는 표현은 아니다. ―옮긴이

없다면 공동체도 없다. 이 양극성 혹은 다극성은 어디에나 존재한다. 개인과 공동체라는 양극성은 본질적으로 인류와 자연이라는 양극성에 연결되어 있다. 공동체는 단지 인간들로만 이루어진 것이 아니라 인간 아닌 것으로도 이루어져 있다.

비비르 비엔은 이 양극성 속에서 공존하는 법을 배우는 것이다. 이때 중요한 것은 '존재하는 것'이라기보다는 전체 안에서 모순된 다른 구성요소들과 '상호작용하는 법을 배우는 것'이라는 점이다. 존재란 이미 정해진 조건이 아니라 관계적 개념이기 때문이다.

안데스공동체에는 개인의 사적 소유와 집단적 소유가 공존한다. 때로는 같은 공동체의 구성원들 사이에 차이와 갈등이 생겨나기도 한다. 이 긴장 상태를 관리하기 위해 다양한 문화적 실천을 함으로써 재분배를 이루어왔다. 예컨대 가장 부유한 이들이 공동체 전체를 위한 축제를 여는데 돈을 대거나, 때로는 모든 이들에게 혜택이 돌아가도록 의식이나 서비스를 책임지는 방식으로 해결하는 것이다.

이와 마찬가지로 공동체 안에서 이루어지는 협동의 실천 또한 다양하다. 민카Mink'a*는 모든 사람들이 공동체를 위하여 협동하며 일하는 것이다. 아이니Ayni**는 공동체의 일부 구성원들이 다른 구성원들을 도와주고, 대신 도움을 받은 이들은 파종 때나 수확할 때 혹은 또 다른 방법으로 도

---

* 케추아족의 표현으로 상호부조, 서비스 등을 뜻한다. —옮긴이
** 케추아족의 표현으로 안데스산맥 공동체들에서 사람들 사이의 호혜나 상호부조를 뜻한다. —옮긴이

와줌으로써 대가를 지불하는 것이다. 안데스공동체에서 삶의 큰 행사는 한 개인이나 한 가족에 한정되지 않고 공동체 전체와 함께한다. 아이가 태어나면 공동체 전체가 축하한다. 결혼은 두 사람만의 결합이 아니라 두 가족 또는 두 공동체의 결합이다.

전 세계에 걸쳐 엄청나게 다양한 원주민공동체가 있다. 이 지역 저 지역이 다르고 나라마다 또 다르다. 이렇게 차이가 있지만 공동체에 대한 소속감과 책임감은 다르지 않다. 공동체에서 추방되는 것은 가장 가혹한 징벌이다. 왜냐하면 그건 바로 그 자신의 소속감, 본질, 정체성을 잃는 것을 뜻하기 때문이다. 이러한 원주민들의 관습과 달리 서구사회는 개인과 개인적 성공, 사람의 권리, 특히 법과 제도를 통한 사적 소유의 보호에 초점을 두는 경향이 있다.

비비르 비엔은 무조건적인 평등주의를 권장하지 않는다. 평등주의란 애초에 불가능하다. 사람 사는 세상엔 늘 불평등과 차이가 있게 마련이다. 관건은 차이를 없애는 것이 아니라 차이와 함께 사는 법을 배우는 것이다. 다만 그 차이가 너무 심화되지 않도록 하고, 전체가 둘로 나뉘어 불안정하게 되지 않도록 하는 법을 알아야 한다. 핵심은 만물의 다양성을 존중하며 공동체의 삶을 배우고 또 배우는 것이다.

비비르 비엔은 '웰빙well-being'이 뜻하는 바가 뭔지 다시 생각하게 한다. 부자가 되거나 가난해지는 것은 조건이지만 인간적이 된다는 것은 근본적인 특성이다. 비비르 비엔은 (한 사람의 조건인) '웰빙well-being'보다는 (사람의 본질인) '좋은 인간well Being'에 더 심려를 기울인다.

성장이 아닌 균형의 추구

비비르 비엔의 목표는 전체의 구성원(요소)들 간의 균형을 찾는 것이다. 인간들 사이의 조화만이 아니라 인간과 자연, 물질과 영혼, 지식과 지혜, 다른 문화와 다른 정체성과 현실 사이의 조화를 찾는 것이다.

비비르 비엔은 단지 더 민주적이고, 인간중심에서 벗어나고, 전체론적이며holistic, 인간적인 개발의 다른 버전이 아니다. 이 세계관은 서구 문명의 특징인 진보 사상에 입각한 것이 아니다. 그래서 지속적인 성장을 추구하는 것이 아니라 균형을 모색한다. 하지만 균형이란 영원하지도 지속적이지도 않은 것이다. 어떠한 균형이라도 새로운 모순과 이견을 낳고, 다시 균형을 맞추려면 새로운 행동이 필요하다. 이것이 시공간에서 순환되는 변화와 운동의 주요한 원천이다. 인간과 어머니자연과의 조화를 추구한다는 것은 목가적인 생활을 추구한다는 뜻이 아니다. 그것 자체가 바로 전체의 존재이유raison d'être이다.

이 균형은 자본주의가 지속적 성장을 통해 이르고자 하는 안정stabilization 과는 다르다. 안정이란 영원한 성장과 마찬가지로 정신의 창조물일 뿐이다. 오늘날 우리가 세계 각지에서 볼 수 있듯, 머지않아 모든 무한한 성장은 파차를 심하게 흔들어놓을 것이다. 균형을 이루는 과정은 역동적일 수밖에 없다. 모순이 없는 완전한 균형에 이르는 것이 목표는 아니다. 그런 건 세상에 존재하지 않는다. 모든 건 순환하고 진화하며, 그 순환은 더욱 복잡한 새로운 불균형과 새로운 모순, 새로운 보완성의 시작이자 끝이다.

비비르 비엔은 천국에 이르고자 하는 것이 아니라 모든 이들이 좋은 삶을 누리고 전체가 역동적이고 변화하는 균형을 찾는 것이다. 다양한 구성요소와 진화 속에서 전체를 이해할 때만이 새로운 균형을 추구하면서 비비르 비엔과 일치된 삶을 살 수 있을 것이다.

안데스인들은 인간을 소유자, 생산자가 아니라 '돌보는 자', '경작자', '촉진자'라고 본다(Estermann, 2012b). 순전한 생산력을 가진 힘은 어머니자연과 그것의 다양한 형태인 물, 광물, 탄화수소와 일반적인 에너지 같은 것들이다. 인간은 어떤 것도 생산하지 않고 창조하지 않는다. 인간은 어머니자연이 주는 것을 경작하고 기를 뿐이다. 인간은 어머니자연이 생명을 주도록 도울 뿐이다(Medina, 2011). 인간은 가교chakana나 매개자 역할을 하며 자연이 준 것을 지혜롭게 경작함으로써 균형을 찾는 데 기여하는 것이다. 관건은 더 오래 살거나 더 많이 가지는 것이 아니라 끊임없이 지구촌의 서로 다른 구성요소들 간의 균형을 찾는 것이다.

이러한 사고는 비비르 비엔의 핵심 요소로서 중요한 함의를 지닌다. 이는 지배적인 성장 패러다임에 대한 문제제기일 뿐 아니라 다른 구성요소들 간의 균형을 모색함으로써 구체적인 대안을 만들 것을 권장하는 것이다. 한 사회의 생명력은 성장의 정도에 따라 측정될 수 없다. 그것은 사람들 간의 균형, 사람과 자연과의 균형에 어떻게 기여하느냐에 달려 있다. 이 과정에서 인간을 자연의 '생산자', '정복자', '변형자'로서 사고하지 않고, 자연의 '돌봄자', '경작자', '매개자'로서 인간의 개념을 대체하는 것이 본질적으로 중요한 일이다.

다양한 주체들 사이의 상호보완

전체를 구성하는 모순된 요소들 사이의 균형은 상호보완을 통해서만 가능하다. 상호보완이란 하나가 다른 하나를 없애는 것이 아니라 서로를 채워주는 것이다. 상호보완은 차이 또한 전체의 부분으로 보는 것이다. 어떤 구성요소들은 서로 간에는 대립될 수 있지만 각각의 존재이유는 전체를 보완하는 데 있다. 차이와 개성은 다 자연과 생명의 부분이다. 우리 모두는 절대로 같아질 수 없다. 우리는 다양성을 존중하고, 경험과 지식과 생태계를 유기적으로 연결할 수 있는 방법을 찾아야 한다.

반면 자본주의는 아주 다른 역동성에 따라 작동된다. 자본의 논리에 따르자면 효율성을 높이기 위해 경쟁이 중요하다. 경쟁을 제약하고 제한하는 모든 것은 해롭다. 경쟁의 법칙은 한 부문이나 한 나라가 가장 뛰어난 영역에서 전문화되도록 한다. 그리하여 마침내 각자는 어떤 한 영역에서 더 효율적이 되며, 혁신이 권장되고 생산성이 증가한다.

상호보완성의 논리에서는 경쟁이 부정적으로 인식된다. 왜냐하면 어떤 사람은 이기고 다른 사람은 지게 되면 전체의 균형이 깨어지기 때문이다. 상호보완성은 힘의 결합을 통한 최적화最適化를 찾는다. 이 힘이 서로서로 잘 조율될수록 부분과 전체의 회복력은 더 커진다. 상호보완성은 반대되는 것 사이의 중립이 아니라 전체의 균형을 찾기 위해 다양성이 줄 수 있는 가능성을 인정하는 것이다.

좀 더 구체적으로 이야기하자면, 어떤 집단이나 부문 혹은 다른 나라에 공통의 규칙을 적용함으로써 효율성을 추구하는 대신, 모든 이들이 성공하기 위해 가장 불이익을 받는 이들에게 혜택을 주는 비대칭적인 규칙을 적용하는 것이 낫다는 것을 뜻한다. 비비르 비엔은 다양성의 만남이다. '삶의 지혜'란 다문화주의를 실천하고, 오만과 편견 없이 차이를 인정하고 배우는 것이다.

다양성을 받아들인다는 것은, 이 세상에는 안데스 버전의 비비르 비엔만이 아니라 다른 비비르 비엔 모델이 존재할 수 있음을 받아들인다는 뜻이다. 그러한 비비르 비엔 모델들은 민중의 지혜, 지식, 실천에 힘입어 자신의 고유한 정체성을 찾고 살아남은 것들이다. 비비르 비엔은 인간의 다문화와 생태계의 다양성을 인정하는 복합적인 개념이다(Gudynas y Acosta, 2014). 비비르 비엔은 지적인 다른 문화들 간의 만남을 권한다. 하나의 대안이란 없다. 많은 대안들이 있고, 그것들이 상호 보완하여 전체적인 대안 시스템을 형성한다.

비비르 비엔은 꿈같은 과거로 돌아가자는 것이 아니다. 인간 역사에는 현재의 시스템 위기를 극복할 수 있는 다른 형태의 문화, 경제, 사회적 조직방식이 존재했고, 지금도 존재하며, 앞으로도 존재할 수 있을 것이다. 단, 이것이 가능하려면 서로 다른 요소들이 상호보완이 되어야 한다.

탈식민지화

비비르 비엔의 비전은 탈식민지화를 위한 끊임없는 투쟁을 담고 있다. 500년도 더 전에 스페인의 정복으로 새로운 순환이 시작되었다. 하지만 19세기에 이루어진 독립과 공화국의 설립으로 식민지화가 종지부를 찍은 것은 아니다. 아직도 다른 형태와 지배구조를 통해 식민지화가 계속되고 있다.

탈식민지화란 오늘날까지도 지배적인 정치, 경제, 사회, 문화, 정신적 체계를 해체한다는 뜻이다. 탈식민지화는 긴 호흡의 투쟁으로, 하루아침에 이루어지지도, 완전히 가능하지도 않다. 강대국으로부터 독립을 쟁취하고서도 경제적으로는 더욱 종속될 수 있다. 또는 문화적인 측면에서는 종속되어 있으면서 어느 정도 경제적인 주권을 가질 수도 있다. 서구 소비문화의 포로가 된 채로도 국가 헌법을 통해서는 문화적 정체성을 온전히 인정받을 수 있다. 아마도 이 마지막 경우가 가장 어려운 과제가 될 것이다. 이국의 거짓된 개념의 포로가 된 우리의 정신과 영혼을 해방하는 일이기에.

비비르 비엔을 구축하는 일은 우리의 영토만이 아니라 우리의 존재가 식민지 상태에서 벗어남으로써 이루어질 수 있다. 영토의 탈식민지화는 모든 차원에서 자율적으로 운영하고 결정함을 의미한다. 존재의 탈식민지화는 좀 더 복잡하다. 그것은 우리가 파차(전체)와 조우하는 데 방해가 되는 다양한 신앙과 가치를 극복하는 것을 의미한다.

이러한 맥락에서 비비르 비엔을 향한 첫걸음은 우리 자신의 눈으로 보고, 스스로 생각하며, 우리만의 꿈을 꾸는 것이다. 핵심은 우리의 뿌리, 우리의 정체성, 우리의 역사와 존엄성을 재발견하는 것에서 시작하는 것이다. 탈식민지화한다는 것은 우리 삶을 되찾고 우리의 지평을 재발견하는 것이다. 그건 과거로 돌아가자는 것이 아니라 과거를 현재로 가져와

기억을 역사의 주체로 변화시키자는 것이다. 라파엘 바티스타는 이렇게
이야기했다.

> "근대 물리학의 시간에 대한 직선적 담론은 더 이상 통용되지 않는
> 다. 그런 까닭에 변화의 일부로서 사고의 혁명도 필요하다. 과거란
> 자신의 뒤에 버려두는 것이 아니며, 미래는 우리 앞에서 기다리고 있
> 는 것이 아니다. 과거를 더 잘 인식할수록 미래를 더 잘 준비할 수 있
> 다. 역사의 진정한 주체는 지나간 것으로서의 과거가 아니라 현재이
> 다. 왜냐하면 현재는 늘 미래와 과거가 필요하기 때문이다."(Bautista,
> 2010)

비비르 비엔은 공동체와 어머니자연의 잊힌 목소리를 되살림으로써
과거를 되찾아 미래를 구원하기 위한 호소이다(Rivera, 2010).

탈식민지화는 불의로 가득 찬 현 상태를 거부하고, 우리의 상상력을
저해하는 식민지 사고의 함정에 빠져 있지 않기 위하여 사물을 깊이 보
는 능력을 다시 찾는 것이다. 탈식민지화는 다른 존재(인간과 인간 아닌
것들)에게 저질러지는 불의에 대응하는 것이며, 인간과 자연세계에 놓인
상상의 장벽을 허무는 것이며, 우리가 생각하는 바를 큰 소리로 말하는
것이며, 다름으로 인한 두려움을 극복하는 것이며, 지배적인 시스템과
사고방식이 망가뜨린 역동적이고 모순된 균형을 회복하는 것이다.

/ 헌법 제정과 시행

어떤 세계관을 제도화하고 형식화하면 그것이 담고 있는 비전이 훼손되는 결과가 생기게 마련이다. 어떤 측면은 강조되고, 다른 측면은 버려진다. 어떤 원칙은 강조되고, 다른 원칙은 폐기된다. 마침내는 잘려진 몸통만 남아 불완전한 채로 수많은 대중에게 다다른다.

볼리비아의 에보 모랄레스와 에콰도르의 라파엘 코레아 정부하에서 일어난 일도 마찬가지다. 이 원주민의 비전은 몇 세기 동안 배척되다가 두 나라에서 처음으로 정책 프로그램의 핵심 요소로 도입되었다. 수마 카마나와 수막 카우사이는 공식적인 담론의 주요 준거 모델이 되었다. 모든 것이 그 이름으로 이루어지기 시작했다.

2008년과 2009년에 두 나라에서 비비르 비엔과 부엔 비비르는 새로운 헌법에 다양한 방식으로 표명되었다. 에콰도르의 경우 수막 카우사이Sumak Kawsay*는 다섯 번, 부엔 비비르는 '부엔 비비르의 권리'에 관한 장과 '부엔 비비르의 체제'에 관한 항에서 총 스물세 번 나온다. 그런데 이 개념이 사용된 방식을 잘 살펴보면 다음과 같이 해석되고 있음을 확인할 수 있다.

1. 도달해야 할 이상 : "부엔 비비르, 수막 카우사이에 도달하기 위해

---

*   에콰도르에서는 sumak kawsay, 볼리비아에서는 sumaq kawsay로 쓴다.

다양성과 자연과의 조화 속에서 살아가는 새로운 형태의 시민의
공존 방식"

2. 삶의 양식 : "국가는 국민을 위한 부엔 비비르를 보장하는 생산양식
을 진흥한다."

3. 다음과 같은 제반의 권리 보장 : 물, 먹거리, 위생적인 환경, 정보와
소통, 문화와 과학, 교육, 거주와 주거, 건강, 노동과 사회보험.

4. 개발과 생산성의 결과로 도출되는 개념 :
- "개발 체제란 부엔 비비르, 수막 카우사이의 실현을 보장하는 경
제, 정치, 사회문화 및 환경 시스템의 구조적이고 지속가능하며
역동적인 모든 면을 일컫는다."
- "부엔 비비르에 도달하기 위해 … 국가 발전을 기획한다."
- "국민 생산을 지원하고, 효율성과 생산성을 강화하며, 삶의 질을
향상시키고, 부엔 비비르의 실현에 기여하는 기술과 혁신을 발전
시킨다."

볼리비아 다민족국가 헌법의 경우 비비르 비엔이 일곱 번, 수마 카마나
가 한 번 나온다. 부엔 비비르의 권리에 대한 에콰도르 버전과는 달리 볼
리비아의 법안에서는 윤리적이고 도덕적인 원칙의 총체로서 소개된다.
"국가는 (비비르 비엔을) 다원주의 사회의 윤리적이고 도덕적인 원칙
으로 채택하고 진흥한다. : ama qhilla, ama llulla, amasuwa(게으르지 말
것, 거짓말하거나 도둑질하지 말 것), suma qamaña(잘 살기), Ñandereko(조

화로운 삶), teko kavi(좋은 삶), ivi maraei(악이 없는 지구), qhapaj ñan(고귀한 길 또는 인생)".

볼리비아의 새 헌법 또한 이 비비르 비엔을 도달해야 할 이상, "자연 자원의 산업화를 통한 생산적 개발"에 관련된 삶의 양식으로 소개한다.

요약하자면, 에콰도르의 헌법에서는 부엔 비비르를 권리의 측면에서 다루고 있는 반면, 볼리비아의 헌법에서는 비엔 비비르를 윤리적이고 도덕적인 개념으로 다룬다. 어찌되었건 두 헌법에서 다 비비르 비엔과 부엔 비비르는 개발주의와 생산주의와 공존하고 있으며, 헌법 전문에 걸쳐 개발주의와 생산주의와 연계되어 오히려 도구화되어 있다고 할 수 있다.

헌법을 작성하고 채택하는 일이 얼마나 중요하고 어려운 일인지 부정할 순 없을 것이다. 하지만 비비르 비엔, 부엔 비비르, 그리고 수마 카마나의 의미 대부분이 상실된 채로 법조문에 포함되어 있는 건 분명하다. 안데스 원주민들을 인정한다는 의미에서 이 개념들이 담겼지만, 자본주의식 개발모델의 변곡점이 되지 못한 채 단지 상징적인 의미만을 담은 채로 변형되었을 뿐이다.

이렇게 헌법 및 여러 법, 그리고 개발계획에 형식적으로 포함되었을지라도 비비르 비엔의 비전이 최근 10여 년 동안 어떻게 변화되어왔는지 이해하는 것이 중요하다. 비비르 비엔은 어떻게 실행되었는가? 그리고 두 나라의 상이한 삶의 영역에서 어떤 방식으로 구체화되었는가? 이 질문에 답하기 위하여 경제와 자연 영역을 포함, 모든 변화의 과정에서 핵심 주체인 공동체와 사회조직이 얼마나 강화되었는지 살펴보기로 하자.

여전한 채굴주의 모델

볼리비아와 에콰도르 두 나라의 정부는 어려움과 문제가 없는 건 아니지만 비비르 비엔의 길을 걷고 있다고 스스로 평가한다. 그들은 GDP 성장 통계수치, 빈곤 감소, 외화 보유량 증가, 공적 투자 증가, 도로와 보건 및 통신 인프라 개발을 비롯해 아주 많은 지표들이 그 사실을 반증한다고 단언한다.

숫자로 보면 실제 그러하며, 의미가 없는 것도 아니다. 최근 10년간 GDP는 에콰도르에서 평균 4.2%, 볼리비아에서는 5% 상승했다. 빈곤율은 에콰도르에서 11% 하락했고, 볼리비아의 절대빈곤율은 16%나 떨어졌다. 이는 주로 공적 투자의 증가에서 비롯된 것이다. 에콰도르에서는 GDP 대비 공적 투자가 4.2%에서 15.6%로, 볼리비아에서는 14.3%에서 19.3%로 증가했다. 공적 투자가 증가됨에 따라 많은 사회프로그램과 조건부 현금지급(세계은행이 의무화한)이 실행되었고, 임금불평등에 대한 지니계수는 두 나라에서 다 감소되었다.

이렇듯 성공을 거둘 수 있었던 것은 원자재 가격의 폭등과 더불어 다국적기업과의 계약 일부를 재협상한 결과 국가 수입이 증가했기 때문이다. 볼리비아에서는 탄화수소 국유화 조치 이후 외국 회사를 국유화하지 않고 이익 분배를 재협상하는 것으로 마무리 지었다. 2005년에 가스 다국적기업이 취한 총수익배당 비율은 43%에 이르렀으나 2013년에는 22%로 떨어졌다. 이는 볼리비아의 예산이 2005년의 6억7천3백만 달러에서 2013년에 54억5천9백만 달러로 8배 증가했다는 것을 의미한다.

이렇게 국가 예산이 늘어남에 따라 공적 투자와 채권 발행, 인프라 공사 및 기본 서비스 확장, 외환보유고 증가 등 많은 다른 대책들이 가능하게 되었던 것이다. 국민 대다수 계층의 삶의 질이 향상된 것은 말할 나위 없다. 이런 까닭에 두 정부는 인기를 누리고 있다. 하지만 우리는 진정 제대로 된 비비르 비엔의 길을 걷고 있는 것일까?

현재는 중국의 경제 둔화로 인하여 탄화수소와 원자재 가격이 폭락했고, 에콰도르와 볼리비아는 위험천만한 경제위기의 길로 향하는 중이다. 원자재 수출로 벌어들이는 수익은 낮아지기 시작했으며, 외환보유고는 줄어드는 중이며, 외채는 가중되고 있다. 볼리비아의 에나텍스ENATEX의 경우와 같이 이전에 국유화되었던 공장들은 다 문을 닫았다. 코레아 대통령은 과거 폐기했던 유럽연합과의 자유무역협정을 다시 체결했다. 볼리비아는 월스트리트에 수십억 달러의 채권을 매각했으며, 에보 모랄레스는 해외 투자자들의 비위를 맞추러 뉴욕으로 떠났다.

왜 이 지경이 되었을까? 단지 외부 요인 때문에 그렇게 된 것일까, 아니면 비비르 비엔을 잘못 시행한 결과일까?

베네수엘라, 브라질, 아르헨티나와 마찬가지로 에콰도르와 볼리비아는 최근 10년간 원자재 수출로 쉽게 돈을 벌어들일 수 있다는 유혹을 떨치지 못했다. 물론 볼리비아와 에콰도르는 공식적인 담화에서 원자재 수출 의존성을 줄이고, 단일상품 수출국의 지위에서 벗어나며, 경제를 다양화하고 산업화를 촉진하여 생산성 향상과 부가가치를 높이는 것을 주된 목표로 삼는다고 했다. 하지만 오늘날 경제를 보면 과거보다 원자재 수출 의존성이 더 높아졌다.

　경제의 다원화는 이루어지지 않았다. 왜냐하면 채굴주의와 원자재 수출에 기대는 것이 더 돈이 되었기 때문이다. 진보적 정부는 공공 인프라와 사회프로그램을 통해 즉각적으로 성과를 과시하고 싶어 했다. 그런데 예산을 확보하는 가장 빠른 방법은 과거 그토록 비판해왔던 길을 계속 가는 것이었다. 때로는 반자본주의적이고 때로는 진보적이고, 또 때로는 비비르 비엔에 우호적인 연설을 하고 있지만 그 이면을 보면 수출은 더욱 강화되었으며, 그에 반해 눈곱만큼 이루어진 소득 재분배 정책은 자본주의 축적 시스템의 본질을 바꾸기에는 어림없었다.

　다국적기업들과 국내 부유층들은 정부의 공식적인 연설에는 아랑곳하지 않고 계속 부를 축적하고 채굴주의 모델로 이익을 얻었다. 에콰도르의 경우 "주요 경제활동은 몇몇 기업의 손아귀에 들어 있었다. 음료시장의 81%는 하나의 기업이 관리했고, 다른 한 기업이 육류시장의 62%를 지배했다. 세 명의 소유주가 나눠 가진 다섯 개 기업이 설탕시장의 91%를 지배했고, 두 개의 기업이 유류시장의 92%를 나눠가졌다. 두 기업이 위생품 시장의 76%를 장악하고 있다. 2010년과 2011년 동안 상위 100개 그룹의 이익은 12% 증가하여 그 액수가 360억 달러라는 천문학적인 수준에 이르렀다. 이를 통해 보면 2007년과 2011년 사이 경제 그룹이 얻은 이익은 신자유주의 정책을 시행한 이전 5년에 비해 오히려 50% 증가했다는 점을 강조하지 않을 수 없다."(Acosta, 2014)

볼리비아의 상황도 비슷하다. 2006년 8천만 달러였던 은행업계의 수익은 2014년에 2억8천3백만 달러로 늘어났다. 현재 두 개의 다국적기업(PETROBRAS와 REPSOL)이 천연가스 생산의 75%를 나눠 가지고 있다. 볼리비아로 사기업들의 투자를 유치하기 위한 재정부 장관의 '양심에 호소한다'는 정책을 보면, 사기업의 이익이 2005년에는 9억 달러였는데 2014년에 40억 달러로 증가했다고 보고되어 있다.

볼리비아에서 2006년 이전에는 토지소유자 절대 다수의 이익은 침해받지 않았다. 소유권 정상화 및 부여 정책이 장려되어 원주민과 농민에게 유리하게 작용했으나 대토지 소유자들의 권리는 영향을 받지 않았다. 2005년에 GMO콩 수출이 전체 수출에서 차지하는 비율은 21%였는데 2012년에는 92%까지 상승했다.

'보스가 아닌 파트너'라는 슬로건을 내걸었지만 실제 상황에서는 다민족 국가와 구 소수지배집단과의 새로운 동맹이 결성되었다. 정부의 전략은 정치지도자들을 따르면서도 반대파의 경제 대표자들과 협약을 체결하는 것이었다. 말하자면 '경제적 당근과 정치적 채찍' 정책이었는데 그 결과 광범위한 반대파 부르주아들이 정부와 연합하게 된 것이다.

'살찐 젖소'의 시기가 종말을 고하는 지금, 정부와 연합한 구 부유층과 신흥 부유층이 본색을 드러내며 원하는 정책을 꾸며내기 시작했다. 수출로 인한 소득이 바닥을 드러내자 가장 막강한 경제부문의 조직들은 국가와 나머지 국민 대다수를 희생시키며 최대한 그들의 이익을 지키려 한다. 다시 포퓰리즘식 신자유주의가 돌아온 것이다. 신자유주의의 귀환은 진보적 정부 밖에서만 벌어진 일이 아니다. 진보정부도 효율성과 수익성이라는 기준을 받아들여 지난 10년간 부를 축적해온 가장 강력한 경제부문을 손보는 대신 공장을 폐쇄하고 수익 증대를 꾀하기 시작한 것이다.

경제위기는 정부의 인기를 갉아먹기 시작했고, 한때 연합세력이었던 우파는 안팎으로 태업을 감행하며 브라질에서 본 것과 같은 쿠데타를 이끌고 있다. 우리는 진보정부의 종말과 더불어 비비르 비엔이라는 이름으로 자행된 포퓰리즘식 채굴주의의 끝을 보고 있는 것이다.

자연의 남용

비비르 비엔의 원칙 중 가장 널리 퍼진 것은 사람들 사이의 조화와 더불어 자연과의 조화이다. 볼리비아와 에콰도르 정부는 초기에 '어머니-대지'를 강조함으로써 명성을 쌓았다. 2008년, 에콰도르 헌법은 자연의 권리를 인정했고, 2009년 볼리비아는 국제연합으로 하여금 '세계 어머니지구의 날international day of Mother Earth'을 공식 지정하도록 하는 데 성공했다. 또 2010년에는 자국에서 '어머니지구의 권리'에 관한 법을 채택했다.

모든 것이 자연과 관련한 변화를 나타내는 듯 보였다. 예컨대 에콰도르에서는 자국에서 석유 수출을 폐기하는 대신 국제사회로부터 경제적 보상을 받자는 야수니-ITTYasuni-ITT 프로젝트와 같은 구체적인 제안도 거론되었다. 자국에 묻혀 있는 8억5천6백만 배럴의 석유를 그대로 두는 대신 연간 3억5천만 달러의 보상을 원한다는 것이었다. 이러한 시도는 사상 처음으로 한 국가가 자연을 보존하고 온실효과가 있는 가스 배출을 줄이기 위해 채굴주의를 포기하겠다는 것을 제안한 경우다.

하지만 에콰도르의 제안은 기대했던 경제적 보상을 얻는 데 실패했다. 2013년, 라파엘 코레아 대통령은 이 문제에 대해 시민의 의견수렴 과정조차 거치지 않고 야수니-ITT 프로젝트를 철회하고 지역 내 석유 채굴을 시작하겠노라고 공표했다.

볼리비아 또한 시작은 거창했다. 새 헌법 255조에는 "유전자변형작물의 수입, 생산 및 판매를 금지한다."고 되어 있다. 그러나 2011년에 공동체농업생산혁명에 관한 법 N° 144를 채택하여, 제15조에서 유전자변형식물의 등록과 표시제도로 금지제도를 대체하였다. "GMO를 포함하든 파생된 경우이든 직간접적으로 식용을 목적으로 생산된 모든 제품은 이를 반드시 밝혀야 하며 이 조건을 표시해야 한다." 하지만 이 법이 채택된 지 5년이 지난 뒤에도 GMO표시제는 여전히 시행되지 않았고, 수출용 유전자변형콩은 천문학적으로 증가했다.

마찬가지로 보호구역과 국립공원 지키기도 재검토되었다. 정부가 이 지역에서 석유 및 가스 탐색과 채취에 대한 규범과 사업계획을 승인한 것이다. 게다가 티프니스^{TIPNIS} 국립공원을 가로지르는 도로를 건설하려고 시도했으나 지역 원주민들과 여러 부문의 민간단체들이 저항하여 무산되기도 했다. 삼림파괴와 관련해서 보자면, 볼리비아에서 매년 15만~25만 헥타르의 자연숲이 사라져 농산업과 목축업, 그리고 대지주들이 이익을 얻고 있다. 그런데 정부는 구체적인 대책은 세우지 않고

2020년까지 불법적인 삼림파괴를 금지하겠다는 안을 내는 데 그쳤다. 광산, 수력발전, 석유 및 인프라 관련 사업들이 신뢰성 있는 환경영향평가도 거치지 않고 승인되고 실행되었다. 정부는 원자력 개발사업이 헌법과 '어머니지구의 권리'에 대한 법의 여러 조항에 배치되는데도 이를 지원하기 시작했다.

이 두 나라에서 말과 현실, 이론과 실천 사이엔 깊이를 가늠할 수 없는 심연이 있다. 최근 10년 동안 '어머니지구의 권리'가 자연의 채굴, 오염, 파괴에 따른 이익보다 앞선 적이 한 번도 없다. 법은 사문화되었고, 어머니지구의 권리에 관한 법에 포함된 '어머니지구 보호자'와 같은 조항들은 여전히 답보 상태다. 라파엘 푸엔테는 "알고 보면 정부의 노선은 이런 것이 아니었나 싶다. 우리는 모든 선진국들이 어머니자연을 학대한다는 사실을 온 세상에 고발한다. 하지만 우리가 최소한의 발전 수준에 이를 때까지 우리에겐 그 필요성은 남겨두기로 한다."(Puente, 2014)고 했다.

에두아르도 구디나스는 진보정부들이 "플라스틱 사용금지나 전구 교체를 권장하는 캠페인 같은 대책은 쉽게 받아들이지만 투자자들과 수출업자들에게 환경 규제 정책을 강제하는 것은 꺼린다."라고 하며 이렇게 결론을 내린다. "정치지도자들은 환경주의를 부자들만 누릴 수 있는 사치라고 생각한다. 그래서 그들은 빈곤이 퇴치되지 않는 이상 남미에서는 환경주의를 적용할 수 없을 것이라고 생각한다."(Gudynas, 2012)

공동체와 사회조직의 약화

비비르 비엔의 본질은 공동체의 강화, 경쟁이 아닌 상호보완성의 진흥, 그리고 무분별한 성장이 아닌 균형 추구에 있다. 이러한 측면에서 얼마나 진보했는가? 원주민들과 사회조직들은 더 강해졌는가? 그들은 서로를 더 보완하고 있는가? 차이, 위계, 특권은 줄어들었는가? 사회운동의 창의성은 발전했는가? 대안적 상상력을 제안하고 재창조하는 힘은 커졌는가?

이러한 질문에 답하기 위해 처음부터 강력한 원주민공동체와 사회조직에 기대어 변화의 과정을 추구했던 볼리비아의 경우를 살펴보자. 일반적으로 볼 때 최근 10년간 사회운동과 원주민공동체들은 강화되기는커녕 오히려 약화되었다고 단언할 수 있다. 다소 모순된 상황이 일어났다고 볼 수 있는데, 그 까닭은 원주민공동체들과 사회조직들이 많은 물질적 재화와 인프라, 신용대출, 조건부 현금지급CCT, 서비스 등의 혜택을 받았으나 그것이 활력 있고 자주관리되는 조직으로서의 자율성을 가지는 데 도움이 되었다기보다는 오히려 그로 인해 약화되고 분열되었기 때문이다.

2005년 '사회주의를 향한 운동MAS'이 집권하기 전 볼리비아의 사회운동은 수력과 가스 민영화 계획을 저지할 뿐 아니라 (칠레로부터) 영토수복, 탄화수소의 국유화, 부의 재분배에 대한 제안을 중심으로 국민의 다수를 모을 정도였다. 다시 말하면, 원주민공동체들과 사회조직들이 신자유주의에 대한 대안사회 프로젝트를 실행할 수 있었다는 것이다. 하지

만 지금은 그 역동성이 사라졌고 대신 부문별로 각개전투를 벌이고 있
다. 조직별, 부문별로 따로 요구사항을 정하고 국가에게서 최대한 많은
공공 프로젝트와 신용대출, 교부금을 얻어내려 흥정을 하고 있다.

정부가 원주민공동체와 사회조직의 지도자들에게 자산을 제공함으로
써 지원에 대한 대가로 인기를 얻기 위한 정치논리가 도입되었다. 사회
운동은 변화의 주역이 되기를 멈추고 정부에게 사업과 지원을 받아내는
고객이 되었다. 각기 개별적인 상황을 개선하기 위하여 '자선사업가'인
국가에 압력을 행사했다. 이는 더 이상 볼리비아를 변화시키기 위한 행
동이 아니라 가장 큰 몫을 차지하려는 행동일 뿐이다. 원주민들의 가치
에 기반을 둔 새로운 사회 프로젝트의 전망은 현실에서 연기처럼 사라지
게 되었다.

수백 년 동안 스페인 정복자들과 자본주의 근대화에 저항했던 원주민
공동체들은 원주민 정부*의 신기루 같은 연설의 포로가 되었고, 원주민
정부는 그들에게 15년간 연간 GDP 상승률 15%라는 목표를 달성하도
록 박차를 가하고 있다. 원주민공동체들은 과거에는 저항했던 소비와 효
율성의 근대화를 지금은 수용하기 시작했다. 원자력 발전소처럼 과거에
는 생각조차 할 수 없던 사업도, 대형 댐 건설같이 농민조직들이 반대하
는 사업도, 지금은 근대화라는 이름으로 다 받아들여지고 있다. 수백 년

---

* 볼리비아의 경우 원주민의 자치를 인정하여 다민족국가로의 정체성을 가진다. 그래서 원주민은 독
자적인 정부를 가지고 있으며, 이들을 아우르는 중앙정부로서 다민족 정부가 있다.—옮긴이

동안 스페인 정복자들과 공화국, 그리고 신자유주의가 추진하려다 실패하고 만 모든 계획들이 단 10년 만에 현 정부에 의해 시행된 것이다. 그건 다름 아닌 원주민들 대부분의 생각을 바꾸는 일이다. 최근에 시행된 조사 결과는 이러한 사실을 잘 보여준다. 다민족 정부가 원주민들을 인정하고 법적으로 보호한다고 했는데도 원주민으로 신고한 사람들의 수는 1990년 62%에서 2013년에는 41%로 감소했다.

공동체와 원주민들의 생각을 갉아먹는 자본주의적 근대화의 확장을 보여주는 한 예는 2014년부터 볼리비아를 지나는 고위험 경주 파리다카르Paris-Dakar*이다. 이 경주는 인본주의 활동가든, 환경운동가든, 반자본주의 운동가든 누가 보더라도 진정 참사가 아닐 수 없다. 그런데 그게 볼리비아 다민족국가의 대통령이 직접 개입하여 이 나라에 들어오게 된 것이다. 심지어 2017년에는 노정의 반 이상이 볼리비아에서 이루어지도록 정부가 경주 조직위원회에 4백만 달러를 제공하기도 했다.

파리다카르는 볼리비아의 현실이나 비비르 비엔과는 다른 세상의 일이다. 이 경주는 참가비가 최소한 8만 달러에 이르며, 참가자들은 다국적기업들을 홍보하는 역할을 한다. 파리다카르는 화석연료 시대의 퇴폐적인 로마 서커스 경기나 다름없다. 매년 운전자나 관객이 죽는 일이 발생한다. 어머니지구의 입장에서 보면 고고학적 손상과 환경에 미치는 영

---

* 프랑스 파리에서 출발하여 아프리카 서부 세네갈의 다카르에 이르는 자동차 경주. 사하라 사막과 같은 험한 지형을 넘어 1만 킬로미터 이상을 주파해야 하기 때문에 가장 어려운 자동차 경주로 알려져 있다. ―옮긴이

향은 거의 대재앙 수준이다. 파리다카르는 자연과 인간의 양심을 식민지로 만드는 쇼이다. 이에 대한 문제제기가 너무나 많고 비용도 너무 많이 들어 칠레와 페루는 더 이상 이 경주에 참여하지 않기로 했다. 그럼에도 파리다카르는 아직 남미에서 버티고 있는 것이다. 볼리비아의 원주민 정부와 다민족 정부의 개입과 지지에 힘입어.

관계당국은 파리다카르가 근대화를 이루게 하며, 1억 달러 이상의 경제적 효과를 낳고, 볼리비아의 관광산업을 육성할 것이라고 떠벌리며 이 경주를 정당화한다. 그런데 정말 목적이 나라를 알리는 것이라면 정부는 문화전통에 기반을 둔 다른 행사를 기획할 수도 있었을 것이다. 예컨대 '차스퀴Chasqui'라는, 맨발로 볼리비아를 횡단하는 전통이 있는데, 옛날에 차스퀴를 했던 것처럼 여러 지방과 환경에 대한 경험과 지식을 나누면서 지혜의 상호보완성을 모색하고, 참여자들 간의 연대를 북돋우며 비비르 비엔의 가치와 자연의 존중을 홍보할 수 있지 않겠는가!

가장 믿기 어려운 사실은 이 문제에 대해 정부나 사회조직들 내에서 어떤 논의도 없었다는 점이다. 비판의 목소리는 거의 들리지 않고 전통적으로 이러한 관행을 비판했던 원주민 민족들도 더 이상 비판하지 않았다. 아마 신자유주의 정부가 볼리비아에 파리다카르를 도입하려 했다면 사회조직들은 여정의 중간 중간에 바리케이드를 치고 막았을 것이다. 그런데 지금은, 원주민 정부가 이러한 시도를 도입하는 변화의 과정에서 선두에 서서 수백 년 동안 지켜온 가치와 원칙이 송두리째 무너지게 된 것이다.

사회조직과 원주민 조직들은 부정부패로 약화되었다. 더 많은 자원을 소유하고, 지도자들이 '원주민개발기금'과 같은 일부 기금 관리직을 직접 맡으면서 많은 이들이 부정부패에 굴복하고 의도적으로 정부의 공모자가 되었다. 중앙정부의 일부 정책에 반대했던 원주민 조직들, 시민사회 조직들은 소외되고 배척되고 박해받고 심지어 해산되기에 이르렀다. 일부 원주민 집단(티프니스TIPNIS와 타코보 모라Takovo Mora)이 탄압을 받는 상황에서 농민 조직과 나머지 원주민 조직은 침묵으로 일관하여 과거엔 당연했던 원주민들의 연대는 공중분해 되었다. 요약하면, 비비르 비엔은 사문화되었으며, 단지 공식적인 담화에 갇혀 있을 뿐이다.

/ 비비르 비엔은 가능하다!

만약 우리가 비비르 비엔의 이름으로 실제 경험한 것이 포퓰리즘식 채굴주의 모델이라면, 비비르 비엔을 어떻게 구체적으로 적용하는 것이 그 원칙과 비전에 다가갈 수 있는 길일까? 비비르 비엔은 과연 한 나라 차원에서 구현될 수 있는 것일까? 문제는 어디에 있을까? 원주민공동체 외에는 적용할 수 없는 것일까? 이 비전은 이해하기 어려운 것일까? 현재 제안된 내용의 완성도가 떨어지기 때문일까?

이 질문들에 답하기란 쉽지 않다. 10년 내내 비비르 비엔을 실행하기 위하여 많은 구체적인 제안이 이루어졌으나 그중 대부분은 지엽적이거나 분절적이거나 특정한 문제만을 다루었다. 볼리비아에서든 에콰도르에서든 제안된 어떤 대책도 비비르 비엔으로 가는 길에 진전을 이룰 만한 잘 조율되고, 포괄적이고, 복합적인 계획을 담지 못하고 파편적인 특성만 남아 있을 뿐이었다. 비비르 비엔의 원칙과 비전이 형편없이 엉뚱하게 시행되거나 아예 실행조차 되지 않은 문제에 대해 성찰해보면, 그 까닭은 여러 차원에서 제안된 내용들이 하나의 전체적인 틀 속에서 모아지지 않았기 때문이다. 또 비비르 비엔을 실행에 옮길 순간이 왔을 때 핵심 원칙의 하나인 '전체성'과 '통합성'을 잊어버린 것이다.

국가주의를 넘어서자

치명적인 오류는 비비르 비엔이 국가권력을 통해 온전히 실행될 수 있다고 믿었던 점이다. 하지만 비비르 비엔은 사회 차원에서 건설되는 제안이다. 비비르 비엔과 부엔 비비르가 헌법으로 제정됨으로써 이러한 환상이 강화되었고, 국가가 주도하는 '국가발전계획'을 통하여 비비르 비엔의 길로 나아갈 수 있다고 믿게 된 것이다. 하지만 비비르 비엔이 지닌 비전의 비밀은 공동체의 자율성, 다른 공동체들과의 상호보완역량 강화, 그리고 지역의 자주관리에 있다.

볼리비아의 부통령은 이 국가주의의 대표적인 인물로, 비비르 비엔을 과도하게 적용하여 실제로는 비비르 비엔과는 완전히 다른 방향에 서 있다. 이 점에 대해 알바로 가르시아 리네라는 이렇게 묘사했다.

"오직 국가만이 사회를 통합할 수 있고, 오직 국가만이 국민의 일반 의지를 모아 전략적 틀을 짜고 경제기관차의 첫째 칸에서 운전할 수 있다. 두 번째 칸엔 볼리비아의 민간 투자자들이 있고, 세 번째엔 외국 투자자들이, 네 번째엔 소기업들이, 다섯 번째엔 농민경제가, 여섯 번째엔 원주민 경제가 있다. 국가경제는 이런 전략적 질서에 따라 조직되어야 한다."(García, 2007)

모든 것을 살피는 '전능한 국가'의 관점은 비비르 비엔과는 반대된다. 사회가 자기결정에 따라 국가권력에서 비롯되는 역효과를 막아야 한다.

볼리비아에서는 오랫동안 발전주의자들과 파차마마주의자들(어머니 지구 보호자들), 근대주의자들과 비비르 비엔 지지자들 사이에 분쟁이 있었다. 하지만 파차마마주의자들과 비비르 비엔 지지자들의 오류는 국가 중심적 사고를 가지고 있다는 점이었음을 고백해야 할 것이다. 국가를 해체한 신자유주의에 반대하다 보니 권력의 논리와 본질을 제대로 파악하지 못한 채 국가를 강화해야 한다고 판단했던 것이다.

파차마마주의자들과 발전주의자들을 갈라놓은 건 국가를 강화하기 위하여 어떤 노선을 취해야 할 것인가에 대한 방향의 차이였다. 볼리비아 부통령에게 있어 근본적인 목표는 국민의 힘을 모아 "안데스-아마존식 자본주의라고 이름붙일 수 있는 새로운 경제모델을 실행하는 것, 즉, 공업경제의 확장을 통제하여 거기서 얻은 이익을 공동체 단위에서 재분배함으로써 진정한 안데스-아마존 상업을 개발하고 자주조직을 강화하

는 강력한 국가를 건설하는 것이었다."(García, 2007)

볼리비아 부통령의 제안에 대한 논의는 국가가 무엇인지에 대한 개념이 아니라 안데스-아마존식 자본주의에 집중되었다. 당시는 탄화수소를 국유화하는 시기였고, 국가를 강화하는 방향으로 나아가야 한다고 생각했다. 차이는 왜 국가를 강화해야 하는가 하는 정당성에 더 맞추어져 있었다. 비비르 비엔을 구축하기 위해서인가, 아니면 자본주의 역사의 새로운 페이지를 쓰기 위함인가?

비비르 비엔을 구축함에 있어 국가의 역할은 전체로서 사회의 조직가나 기획자가 되어서도 안 되고, 될 수도 없다. 국가는 여러 요소 중 하나이고, 인기전술을 펴는 관행을 벗어나 공동체와 사회조직의 자율화에 기여해야 한다. 다시 말해 국가가 공동체와 사회조직들에게 차량과 사무공간이나 운동장과 같은 지원을 제공하기에 앞서 해야 할 일은, 이 조직들이 정보를 얻고, 발견하고, 분석하고, 토론하고, 질문하고, 정책을 구상하여 국가의 허락이 떨어지기를 기다릴 것 없이 이를 실행하도록 장려하는 일이다. 수마 카마나와 수막 카우사이는 잉카제국과 식민지국가, 공화국, 민족국가, 신자유주의국가에 반대하며 수백 년 동안 살아남았다. 그 공동체적 비전과 실천은 각 시대에 수립된 권력에게 인정을 받지 못했어도 끈질기게 이어졌다. 그런데 비비르 비엔이 국가에 의해 주도되면서 그것이 가진 자주관리 및 저항의 힘이 타격을 입기 시작한 것이다.

보통 마르크스주의 좌파들의 목표는 권력을 쟁취하여 사회를 바꾸는 것이다. 이는 위로부터 사회를 바꾸기 위하여 국가권력을 탈취하여 국가를 바꾸는 것이다. 하지만 최근 10년 동안 진보정부들을 겪으며 깨달은 것은 이러한 경로는 적합하지 않다는 것이다. 비비르 비엔의 관점에서 볼 때 국가권력을 장악하는 것이 목표가 되어서는 안 된다. 국가권력을 손에 넣는 것은 아직도 존재하는, 심지어 변화의 과정을 밟고 있는 국가에서도 나타나는 모든 식민지 구조를 문제 삼고 그 구조를 바꿈으로써 아래로부터의 해방과 자주결정의 길로 가기 위한 과정의 한 단계일 뿐이라는 것이다.

지역과 공동체 단위를 강화하자

전체의 관점에서 생각해보면 경제를 새로 건설할 사회의 중심에 두지 않아야 한다. 그런데 최근 비비르 비엔을 추진하는 정부들을 보면 GDP 성장에 대한 강박관념에 사로잡혀 있음을 알 수 있다. 그런데 GDP란 상품화(화폐화)할 수 있는 경제부문에만 해당되는 지표로서, 자연과 인간을 파괴하는 자본주의 시장을 겨냥한 재화와 서비스의 생산을 측정하는 것이다.

자본주의 시장경제의 성장에 집중하기보다는 모든 단위에서 균형을 회복하기 위한 노력을 기울였어야 했다. 여러 경제부문과 사회의 균형은 불평등의 구조적 요인을 건드릴 때에야 비로소 이룩할 수 있는 것이다.

현재의 심각한 불평등 문제는 빈곤층에 대한 조건부 현금지급으로는 해결할 수 없다. 가장 강력한 경제 권력의 소유권을 건드리지는 않고 국가 예산의 일부를 나눠주는 것으로 재분배정책을 한정해서는 안 될 것이다. 왜냐하면 대지주들과 자원채굴기업들, 거대은행들이 막대한 이익을 축적하는 상황에서 원조프로그램만으로는 사람들 간의 평등을 실현할 수 없기 때문이다.

볼리비아에서 최근 10년간의 경험에 비추어보면, 다국적기업들과 소수 지배집단들은 사회적 압력을 받으면 그들이 얻는 이익을 통째로 잃는 상황을 막기 위해 그들이 가진 소득의 일부를 재분배하는 데 동의하게 된다는 사실을 알 수 있다. 하지만 그들은 국제 무역의 호황기가 끝나고 주머니 사정이 나빠지면, 정부의 진보주의자들을 제거하고 가장 흉폭한 신자유주의 정책을 강제하기 위해 물불을 가리지 않는다.

최고 경제권력의 핵심을 건드리지 않고 재분배 시스템을 대폭 수정하기는 어렵다. 실제 시행된 정책들은 다국적기업들과 계약을 재협상하고, 일부 기업을 국유화하고, 은행부문 및 농산업과 일부 민간부문과의 관계를 개선하고, '공정하게' 투자할 만한 외국 투자자들을 유인하는 것 등이었다.

국가 1순위, 볼리비아 민간 투자자들 2순위, 외국 투자자들 3순위, 소기업들 4순위, 농업경제 5순위, 원주민경제를 끝 순위에 두는 이 모델은 실패했다. 이른바 '복합경제plural economy'는 망상에 지나지 않았다. 왜냐하면 모두가 인정을 받고 평등한 조건을 누릴 것이라고 주장했지만 실상은 정반대였기 때문이다. 국가가 공적 투자를 대폭 늘리는 동안 국내외 민간부문은 재투자는 하지 않고 수익만 크게 챙겼으며, 소기업과 농민 및 원주민 부문은 공적 복지 프로그램의 수혜자로 밀려나는 등 피라미드식 구조는 변하지 않았다.

그렇다면 어떤 방향으로 가야 했을까? 바로 농민과 원주민 경제, 그리고 지역의 소규모 경제를 중심에 두는 새로운 경제로 가야 했다. 금융, 광산, 농수산 부문의 손에 집중된 부를 진정으로 재분배하는 방향으로 가야 했다. 그러기 위해서는 대지주들의 땅을 되찾아 재분배하고, 민간은행을 더 효과적으로 규제하여 점진적으로 국유화하고, 자원채굴주의에서 벗어나기 위한 프로젝트를 육성하여 광산업의 자원을 더 효율적으로 활용하며, 지역과 공동체 경제 및 중소기업들의 자주경영 및 상호보완성을 강화하여 그들이 자율성을 가지도록 지원해야 했다.

볼리비아와 같은 나라의 진정한 잠재력은 생태농업, 혼농임업, 원주민과 농민공동체들로부터 시작하는 먹거리주권의 강화에 있다. 이러한 전망 속에서 국가의 핵심 역할은 위로부터 공동체 기업을 설립하는 것이 아니라 지역 주체들의 적극적인 참여를 통하여 생산, 교환, 신용, 전통 지식과 혁신의 네트워크를 강화하는 것이어야 한다. 하지만 정부가 우선적으로 시행한 정책은 사회와 공동체 조직을 강화하기보다는 즉각적인 결과를 보여주기 위한 보여주기식 대규모 사업 위주였다. non-GMO 친환경 생산은 사문화된 반면, 농약과 제초제(특히 글리포세이트)의 소비는 최근 10년간 오히려 지속적으로 증가했다.

대규모 인프라 구축, 대형 댐 건설, 그리고 원자력연구센터와 같은 프로젝트 활성화 사업은 해묵은 자본주의 발전모델의 연장선상에서 이루어졌다. 이젠 북구의 선진국가들도 폐기하고 있는 근대화 단계를 거치려

애쓰기보다는 그 단계를 뛰어넘어 민영화의 관점이 아닌 공동체와 사회의 관점에서 최신 과학의 진보를 활용하는 것이 필요하다. 이는 볼리비아가 이제는 전기에너지의 단순 소비자가 아니라 스스로 생산자가 되기 위하여 가정, 공동체, 지방정부 차원에서 태양에너지 및 풍력의 생산에 명운을 걸어야 함을 뜻한다.

공동체의 역량강화는 조상의 지혜와 실천에 의거하고, 자연과의 균형을 회복하고, 인간공동체를 강화한다는 조건하에서 최신 기술발전과 결합하여 이루어져야 한다. 재생에너지는 그 자체로 시스템 위기에 대한 해결책이 될 수 없다. 왜냐하면 그 또한 인구 이동과 자원에 대한 통제력 확보, 그리고 자본주의의 재구조화에 이용될 수 있기 때문이다.

최근 10년간의 경험을 통해 자본의 지배를 극복하지 않고는 복합경제를 시행하는 것이 불가능하다는 점이 명백해졌다. 복합경제는 반자본주의 담론으로 되는 것이 아니라 자본주의의 초석인 금융자본에 대항하기 위한 효과적인 대책을 적용함으로써 이룰 수 있다. 만약 다국적 자본을 해체할 어떤 대책도 취하지 않는다면 복합경제를 구성하는 요소들은 주변으로 밀려나고 무시될 수밖에 없을 것이다.

지역 생산과 공동체 생산을 중심에 둔다는 것이 국영기업과 공공서비스를 없애거나 버린다는 뜻은 아니다. 그것들은 본질적으로 국가와 중앙 차원에서 가장 잘 운영되고 제공될 수 있는 것들이다. 예컨대 중앙은행이나 교육, 건강, 통신과 같은 핵심 공공서비스의 경우와 같이 전 국민을 대상으로 하는 경우가 이에 해당된다. 그렇다 하더라도 관료화와 부패를 방지하기 위하여 이 국영기업들과 공공서비스에 효과적인 시민참여 구조를 갖추고, 각 지역의 실정에 맞게 운영되어야 할 것이다.

우리는 항상 신자유주의 정부들의 '수출이냐, 죽음이냐' 슬로건을 비판해왔다. 하지만 '진보적인' 정부들도 같은 논리에 빠져들었다. 그들이 선호하는 생산은 외화를 벌어들이는 것이다. 그래서 거대 농식품산업 기업들이 GMO콩을 수출하도록 허가해주고, 바나나 수출을 위해 유럽연합과 자유무역협정을 승인했다.

비비르 비엔 정신은 가격의 변동과 세계경제위기에 맞서 지역 및 국가 경제의 회복력 강화를 목표로 한다. 이 말은 수출을 포기하자는 것이 아니라 경제가 일부 수출품목에 의지해서는 안 된다는 뜻이다. 지역공동체와 지구 생태계를 강화하면서 주권을 회복하자는 뜻이다.

하지만 자유무역협정은 이와는 다른 논리를 따른다. 완전히 불평등한 국가와 국가, 부문과 부문, 기업과 기업들을 마치 평등한 듯 경쟁으로 내몰고 있다. 그러한 조건하에서 승리자는 초국적기업이나 거대 농식품산업, 가장 강력한 금융 및 산업자본 부문이 될 수밖에 없다. 세계무역기구 WTO의 자유무역 규칙과 지역 및 양자간 자유무역협정은 다국적기업들을 위해 소생산자들을 희생시키기 때문에 비비르 비엔이 구축될 수 있는 가능성을 갉아먹는다.

최근 10년간의 경험을 통해 우리는 자유무역협정을 거부하거나 폐기하는 것으로 충분하지 않다는 것을 알았다. 해야 할 일은 무역과 밀수를 통제하기 위한 대책을 추진하는 것이다. 이러한 대책이 실행되지 않는다면 초국적 생산 경쟁과 밀수로 인하여 지역과 공동체 경제는 물론 국가 경제까지 파괴되고 말 것이다. 이른바 '진보적인' 정부하에서 벌어지는 일이 그러했듯이.

오늘날과 같이 세계화된 경제에서는 한 국가 내에서 모든 수입품을 대체하기란 불가능하다. 소규모 경제는 늘 수입에 더 의존할 수밖에 없을 것이다. 그런 까닭에 외화가 과도한 소비를 조장하는 데 사용되지 않고 지역경제를 강화하는 핵심적인 부분에 충당될 수 있도록 수입을 규제하는 것이 중요하다.

이러한 목표를 달성하기 위해서는 대외 무역을 통제하는 방식만으로는 안 되고, 지속가능한 소비문화 모델이 정착될 수 있도록 육성해야 한다. 진보정부 시대에 여러 부문의 소득이 상승했으나 자본주의 사회에서 나타나는 소비와 낭비 습관 또한 늘어났기 때문이다.

자연으로 돌아가자

'석유를 뿌리자sembrar el petróleo'라는 슬로건은 경제를 다양화하기 위하여 더 많이 채굴하자는 취지로서 코레아 대통령이 승인한 것이다. 하지만 이건 터무니없는 허상에 지나지 않는다. 술을 더 많이 마셔서 알코올중독을 극복하자는 게 말이 안 되듯, 채굴사업 개발을 권장함으로써 채굴주의를 극복한다는 건 불가능한 일이다.

볼리비아나 에콰도르같이 의존적인 자본주의 국가에서 채굴주의 타파는 엄청나게 어려운 싸움이 되었다. 왜냐하면 자본의 논리는 곧 권력의 논리이기 때문이다. 채굴주의는 돈을 벌 수 있는 가장 빠른 방법이기에 권력유지에 꼭 필요한 요소다. 따라서 채굴주의는 경제를 다양화하고 비비르 비엔을 구축하기 위한 노력을 헛되이 만드는 지독한 중독을 낳는다. 현재 볼리비아에서는 탄화수소 돈벌이 중독이 중앙정부와 광역정부에서부터 지자체, 대학, 군대, 원주민 지도자들과 일반 국민에 이르기까지 광범위하게 퍼졌다.

이 중독에서 벗어나려면 우선 중독되었다는 사실을 인정하는 것이 필요하다. 볼리비아에서 수십억 달러의 공적 투자가 석유와 가스를 채취하는 데 사용되었다. 이 돈의 일부라도 공동체의 태양에너지와 풍력에너지에 재투자한다면 국가 전체의 수요를 충족시킬 수 있을 것이다.

삼림벌목 문제도 마찬가지다. 엄청난 돈을 들여 끝도 없는 조림사업을 한다고 해서 결코 파괴한 자연적인 숲의 풍요로움과 생물학적 다양성을 회복할 수 있는 결과를 얻으리라는 보장이 없다. 대신 열대 숲과 공존하는 원주민공동체들에게서 배우고 산림농업agroforestry 활동을 육성하는 것이 나을 것이다. 삼림벌목을 하지 않으면 볼리비아 국민의 안정적인 먹거리 공급을 보장할 수 없을 것이라는 말은 거짓이다. 공식적인 통계에 따르면, 2001년 이후 860만 헥타르의 숲이 파괴되었지만 경작 토지 총면적은 단지 350만 헥타르밖에 늘어나지 않았으며, 이중 190만 헥타르는 산업형 농업에 이용되었다. 그리고 이 190만 헥타르의 대부분인 120만 헥타르가 수출용 콩 생산에 이용되었다.

오늘날 '자연의 권리'는 빈말이 되었다. 왜냐하면 진보정부들이 그들의 채굴주의사업 계획을 구체적으로 가로막는 선례를 남길까 두려워하기 때문이다. 자연의 권리와 어머니지구의 권리를 지키려면 끊임없이 생태계를 파괴하는 활동을 막고 처벌하고, 특히 이미 손상된 구역을 복구하고 회복하기 위하여 자율적인 메커니즘과 조절이 필요하다.

석유와 같은 자연자원을 국유화했다고 해서 마지막 한 방울까지 다 이용할 수는 없다. 국가가 공해산업이나 소비재산업을 소유하게 되었다고 해서 그 산업이 깨끗하고 지속가능하게 변하진 않는다. 지난 10년간의 경험을 보면 광산이나 유전 등의 생산수단을 국유화하는 것으로는 충분하지 않다. 더 정의롭고 더 공정한 생태사회가 도래할 수 있도록 다른 생산수단으로 전환하고 대체하는 것이 필요하다.

2010년 제1회 기후변화와 어머니지구의 권리에 대한 국제컨퍼런스에서 작성되고 채택되었던 '코차밤바Cochabamba 민족의 조약'에 명시되어 있듯이, 단지 자본주의만이 아니라 생산주의 또한 극복해야 한다.

"소련의 경험을 통해 우리는 자본주의와는 다른 소유관계를 통해서도 자본주의에서의 삶과 비슷한 삶을 만드는 약탈적이고 파괴적인 생산시스템이 가능하다는 것을 알게 되었다. 우리의 문명을 근본적으로 바꿀 대안을 찾지 않는다면 지구상의 모든 삶은 불가능할 것이다. 인류는 역사적인 선택의 기로에 있다. 자본주의, 가부장제, 진보, 죽음의 길을 계속 갈 것인가, 아니면 자연과 조화를 이루며 생명존중의 길을 걸을 것인가?"

진정한 문화 다양성을 이룩하자

진보정부하에서 일어난 가장 큰 변화는 문화적 다양성을 인정한 것이다. 볼리비아에서 '다민족국가'라는 개념은 사회가 얻은 성과로서, 다른 나라에도 적용되면 같은 영토 내에서 여러 민족과 국가가 공존할 수 있도록 할 것이다. 이와 더불어 원주민 언어를 인정하고, 공무원들에게 두 개 이상의 언어(스페인어와 원주민 언어) 사용을 의무화하고, 원주민의 자율성과 원주민 농민, 그리고 원주민의 사법체계를 인정한 것 또한 상당히 중요한 발전이다.

그런데 헌법과 여러 법에 많은 개념들이 명시되어 있어도 구체적으로 실행에 옮길 때는 심각한 문제가 발생한다. 볼리비아에서 원주민 자치구와 영토의 인정은 '장애물 경주'같이 되어버렸다. 원주민 중앙정부는 모든 정당과 단절되었다. 그들의 영토에 있는 자연자원을 채굴할 때에는 자문 절차를 거쳐야 한다는 의무조항이 있지만, 자치 정부와 공동체 민주주의를 갖춘 원주민의 자율성을 보장하는 헌법을 준수하기 위해 필요한 어떤 구체적인 정책도 제시하지 않았다.

원주민의 권리는 인정되었으나 그 권리는 공동체 내로 제한되어 원주민의 법보다 통상의 법체계가 우세하게 되었다. 그리하여 더 유연하고, 비용이 안 들며, 자연을 존중하고, 참여합의제에 기반을 둔 갈등해결 방안을 찾는 원주민들의 장점을 살려 중앙정부의 사법체계를 수립할 수 있는 소중한 기회를 잃어버리고 만 것이다.

가부장제를 타파하자

성평등과 여성참여와 관련한 헌법과 사법체계에서는 상당한 진전을 보았다. 정부 및 의회에서 토지에 대한 권리, 기회의 평등, 여성 대상 폭력, 모유 수유, 여성 건강, 출산 후 여성 일자리 보장과 은퇴 등과 등과 관련한 일련의 규범이 채택되었다. 법적 측면에서도 진전이 있었다. 볼리비아에서 국회의원, 지방의원, 장관 및 고위공직자 중 여성의 수는 전 세계에서 최상위권에 속한다.

그렇지만 볼리비아의 가부장제 타파는 아직도 요원하다. 역설적이게도 중앙정부의 핵심 관료들 대다수가 남자인 탓에 그들이 쓰는 표현, 농담, 평가들로 인하여 남성우월주의 관습과 사고는 더 강화되었다.

가족, 집단, 국가 구조의 기초에 자리 잡은 가부장제는 끈질기게 이어져왔고, 천의 얼굴로 드러나며, 때로는 눈치를 채지 못하는 새 퍼진다. 고위공직자들이 남성우월주의적 농담과 평가를 하면 여성 장관이나 국회의원들은 때로는 용인하기도 하는 실정이다. 정치에서 책임 있는 자리에 여성의 수가 많아진다고 해서 여성의 종속과 억압을 재생산하는 권력 관계를 해체할 조치가 이루어지는 것은 아니다. 가장 영향력 있는 남성들의 태도가 차별적 관행과 문화를 부추기고 강화하고 있다.

여성을 희생시키는 부의 생산 및 재분배 모델, 남성과 여성 사이의 가사 노동 분담, 공적인 삶과 사적인 삶의 분리와 같은 문제는 근본적인 변화를 이루지 못했다. 자신의 몸에 대한 여성의 자율성과 결정권은 점점 제한되고 있는 반면, 여성을 대상으로 한 폭력과 살인은 매일 현실로 드러난다.

애초에 비비르 비엔 개념은 가족과 사회 및 국가의 차원에서 가부장제 문제를 다루지 않았다. 그러나 사람들 사이의 균형과 자연과의 균형을 이루는 사회로 나아가려면 가부장제 타파는 핵심 요소임이 분명하다.

실질적인 민주주의를 이룩하자

비비르 비엔은 전체를 이루는 서로 다른 요소들 간의 존중과 균형, 상호보완을 권장한다. 그렇지만 진보정부들이 행정부를 앞세워 다른 권력들을 독차지하고 통제하려는 모습을 볼 수 있었다. 이렇듯 한 때 신자유주의 우파를 비판했던 핵심세력들은 국회에서 자체 기준이나 유권자들의 기준에 기초하여 규범을 제안하고, 통제하고, 채택하는 활발한 민주주의가 탄생하는 계기를 만들지 못했다. 우리가 목도한 것은 신자유주의적 민주주의가 중앙정부에 복무하기 위한 거수기 민주주의로 대체된 것이다.

볼리비아에서 행정부는 최고 기관 판사의 임명을 최소한으로 줄이고, 그들의 권한을 약화시키기 위하여 기발한 제안을 하는 등 주요 사법기관을 통제하기 위하여 할 수 있는 모든 것을 다 했다. 마찬가지로 시민의 참여와 시민에 의한 통제는 볼리비아의 새 헌법에 명시되어 있음에도 사문화된 채로 남게 되었다.

실질적이고 효과적인 민주주의가 실현되지 못함에 따라 비비르 비엔에 필요한 공동체들과 사회조직들의 자주관리, 자주결정, 자율화를 진전시킬 수 없었다. 민주주의가 실현되려면 권력자들과 국가 자체의 권력이 제한되어야 한다. 만약 중앙정부가 시민의 참여를 도구화하고, 사회조직을 선별하고, 국가의 다양한 권력을 통제한다면 실질적인 민주주의는 실현될 수 없다. 한 국가나 한 지역 차원에서의 실질적인 민주주의는 비비르 비엔을 구축하기 위한 핵심 요소다. 왜냐하면 모든 정부, 모든 국민은 새로운 생태사회를 이룩하는 과정에서 오류를 범할 수 있는데, 그 오류를 찾아내어 바로잡고 다른 가능성을 만들어낼 수 있는 유일한 방법은 모두의 참여이기 때문이다.

전 세계적인 상호보완성을 추구하자

최근 10년의 경험을 통해 우리는 지금과 같이 생산주의적, 가부장적, 인간중심적, 세계화된 자본주의 경제에서 한 국가의 차원에서는 비비르 비엔을 제대로 실행하기가 불가능하다는 것을 분명히 알았다. 비비르 비엔의 비전이 발전하고 활짝 꽃피기 위한 성공의 열쇠는 유사한 과정을 겪고 있는 다른 나라와의 조율과 상호보완이다. 이는 자유무역의 규칙을 따르지 말자는 협약을 통합하여 추진하는 데 한정짓거나 단순히 국가나 정부 간의 동맹일 필요는 없다. 최근 10년 동안 저지른 실수 중 가장 치명적인 것은 아마도 진보정부와는 독립된 사회운동과 원주민운동의 동맹이 진보성향의 정부들과 너무 가까워지면서 스스로 독자적으로 발전할 수 있는 역량을 상당부분 상실한 것일지도 모르겠다. 시간이 지나 돌이켜보니 남미의 다른세계화운동은 단단해지기는커녕 오히려 약화되었음을 확인할 수 있다. 왜냐하면 변화에 대한 독자적인 전망을 세울 능력이 없었기 때문이다. 다른세계화운동은 비판 정신과 이상을 잃고 자신들의 유토피아와 진보정부의 정치적 셈을 구분하지 못했던 것이다.

사회전환 운동이 활발하게 일어나기 위해서는 국경을 넘어 여러 형태로 다른 나라에 이르러야 한다. 세계 권력의 중심부까지 이르도록 전파되지 못한다면 변화의 과정은 고립되고 생명력을 잃어 그 원칙과 가치까지도 부정하기에 이를지도 모른다.

이러한 점에서 비비르 비엔의 미래는, 지구상의 여러 다른 대륙에서 다양한 접근방법으로 이루어지지만 같은 목표를 향하고 있는 다른 비전들을 흡수하고, 재건설하고, 자율성을 가지는 데 달려 있다. 다른 시스템 대안들로 보완되어 풍성해질 때 비비르 비엔은 가능하다.

- 주느비에브 아잠 -

탈성장
Degrowth

검소한 풍요의 사회로 가기 위한 상상력

***

경제성장 패러다임은 1945년 이후 등장한 세계와 경제 정책을 대표하는 말이다. 하지만 규칙적이고 지속적이며 스스로를 지탱하는 과정으로서의 경제성장이라는 관념(이른바 "영광의 30년*"이라 불리는 시기 동안 정점에 달했던)은 이제 깨지고 말았다. 그러나 성장이 사회 진보와 발전의 필요조건이었던 2차 세계대전 이후 시기에는 성장에 대한 비판이 수용되지 않는 분위기였다. 이 성장이라는 것이 실제로는 세계 인구의 소수만을 포함하는 '선진' 산업 국가들에서만 이루어졌던 것이며, 한정된 자연 자원의 무분별한 약탈과 오염, 값싼 화석연료의 채굴, 살인 기술에 대한 의존, 그리고 참을 수 없고 지속가능하지 않은 세계적 불평등과 불균형 위에 세워진 것이었다.

'발전'이라는 목표는 '저발전' 또는 '개발도상' 국가들이 선진국을 '따라잡을' 수 있다는 환상을 유포하며 발전으로 나아가는 과정을 버텨내도록 했다. 발전과 이를 뒷받침하는 성장이 사회주의이건 자본주의이건 간에 모든 사회 모델에서 세계적 규범이 되었다. 성장은 국가 간의 차이를 낳았고, 이러한 차이는 필연적으로 뒤떨어진 국가가 앞서 성장한 국가를

---

* "영광의 30년(Les Trentes Glorieuses)"은 2차 세계대전 이후 경제 활황부터 1973년 석유위기까지의 30년을 말한다.

따라잡게 함으로써 또 다시 성장을 꾀하도록 부추겼다.

지정학적 한계로 인하여 이러한 과정이 멈추게 될 것이라는 사실이 명백해지자, 지속성이 있는 또는 지탱가능한 발전이라는 개념이 대두되었다. "우리 공동의 미래"라고 이름 붙인 1987년의 브룬틀란트 보고서는 생태적 지속가능성, 발전 그리고 사회정의 모두를 함께 보장하는 '깨끗한' 성장을 옹호했다. 이 제안은 1992년 리우데자네이루에서 열린 지구정상회담의 뼈대를 이루었다. 하지만 불평등의 격화와 우리가 이 행성의 생태적 한계를 넘어서버렸다는 사실은 지속가능한 발전이라는 희망을 시대에 뒤처진 것으로 만들고 말았다.

세계 곳곳에 적용된 신자유주의 정책들은 국가의 개입으로 특징지어졌던 이전의 발전 정책들을 폐기하게 했다. 경제 및 금융의 세계화와 함께 세계 시장으로 통합되면 발전을 이룩할 수 있을 것이라고 이야기되었지만 실상은 달랐다. 종종 발전을 위해 막대한 부채를 떠안고 이 부채를 상환하기 위해 더욱 성장의 압박을 받아야 했다.

결국 이 모델은 지속가능한 발전의 세 기둥, 즉 성장, 사회정의 그리고 지속가능성 사이의 균형을 추구하기보다는 사회와 지구를 보살피는 과제를 경제와 시장에 맡겨두는 것에 머물고 말았다. 그 다음에는 녹색경제와 녹색성장이 지속가능한 발전이라는 목표를 대체했다. '녹색경제'는 자원 관리를 최적화하며 자연을 생산과 제조 그리고 시장가치 부여의 거대한 사이클 속으로 밀어 넣으려 했다.

이렇게 다양한 시도와 노력을 해왔지만 경제성장은 이루어지지 않았다. 오래된 산업국들의 경우 성장을 하려면 2000년대에 실로 천문학적인 성장을 기록한 신흥국가들의 수요가 뒷받침되어야만 했다. 선배들과 동일한 경제 모델, 즉 제한 없는 생산주의와 전례 없는 수준의 산업 생산 가속화라는 방식을 채택했던 신흥국가들은 이제 성장의 한계와 폭력적으로 마주치는 상황에 처했다. 브라질의 사례는 전형적이다. 경제활동의 급격한 증가를 경험하고 성장에 기반을 둔 사회 정책들을 밀어붙이고 나자, 돌연 그 진행이 멈추고 일련의 사회적·정치적 위기에 빠져들었다. 성장이라는 약속을 지키기가 어렵거나 불가능하게 되자 그에 따른 실망을 잠재우기 위하여 또다시 더 많은 성장을 꾀할 필요마저 생겨났다.

성장기반 사회에서 성장이 멈춘다는 것은 장기적 경기침체, 빈곤의 격화, 생산주의 또는 채굴주의 활동의 심화 그리고 민주주의의 후퇴를 의미한다. 성장에 대한 비판적 접근들은 사회 진보와 번영 그리고 복지가 경제성장 없이도 가능하며, 실제 의미가 있으려면 포스트성장 또는 탈성장 사회로 전환해야 함을 보여준다.

/ 성장에 대한 논쟁의 기원

성장에 대한 대중적 논쟁은 1960년대 후반과 1970년대 초반에 시작되었다. 다른 무엇보다도, 1972년에 로마클럽을 위해 메사추세츠공과대학교MIT에서 작성한 메도즈 보고서를 들 수 있다(Meadows, 1972). 이 보고서는 지구의 생물물리학적 한계와 기하급수적 인구 증가라는 견지에서 산업사회의 토대에 의문을 제기하게 했다. 보고서는 제로 성장을 제안하면서 결론을 맺었다. 이 보고서는 방법론적 그리고 정치적인 이유로 우파와 좌파 그리고 제3세계 학자들 사이에 많은 논쟁을 불러일으켰다. 제3세계 학자들은 이 보고서를, 부자 나라들이 불평등을 고착시켜 자연자원에 대한 그들의 접근권을 유지하려는 목적으로 만든 것으로, 또는 맬서스주의 이론의 부활로 인식했다.

이 보고서의 긍정적인 점은, 성장은 재생 불가능한 원재료의 채굴에 의존한다는 점을 모두에게 환기했다는 데에 있다. 데니스 메도즈는 1992년과 2004년에 이 보고서를 수정 보완했고, 그 후 첫 판본이 나온 지 40년 뒤인 2012년에, 시스템의 수용능력을 초과하거나 생태발자국이 지속가능한 수준을 넘어버렸기 때문에 이대로라면 제로 성장으로 안착하는 것은 불가능하다고 말했다. 그는 당장 성장을 줄여나가야 한다고 보았다.

같은 시기에, 지구 한편에서는 새 식민지 행성 개척이라는 꿈이 한창 피어오르던 1972년에 스톡홀름 유엔 회의는 "하나뿐인 지구" 슬로건을 채택했다. 당시 유럽위원회의 부의장 시코 만스홀트*는 여전히 경제성장이 무한하리라 여겨지던 시대에 공개적으로 성장의 종언을 공표했다.

---

* 〈누벨 옵세르바퇴르〉의 1972년 6월 12∼18일자에 실린 인터뷰에서, 그는 "똑바로 얘기합시다. 우리는 경제성장을 줄이고 이를 다른 문화, 행복, 좋은 삶이라는 개념들로 대체해야 합니다."라고 선언했다. 〈L'Écologiste〉, October 2002, p.67에서 인용.

비슷한 시기, 루마니아의 경제학자 니콜라스 게오르게스쿠-뢰겐의 작업은 열역학과 생명체의 법칙이 경제 및 사회와 분리될 수 없는 관계임을 보여주었다(Georgescu-Roegen, 2006). 그에 따르면, 에너지가 물질로 변환되는 것은 비가역적이기 때문에 무한한 물질적 성장은 지속가능하지 않다. 경제라는 것 또한 생명계에 포함되어 있는 시스템이므로 생명경제일 수밖에 없다. 산업사회가 오염과 재생 불가능한 에너지를 엄청나게 양산하고 또 잡아먹고 있는 만큼, 설령 리사이클링을 하더라도 자원의 채굴과 변형이 갖는 엔트로피적 측면을 완전히 없앨 수 있는 기술은 없을 것이다.

게오르게스쿠-뢰겐의 작업은 경제사상 쪽에서는 여전히 비주류에 머물고 있다. 그의 가장 잘 알려진 제자이자 생태경제학의 창시자인 허먼 데일리는 정상상태steady-state 경제를 옹호했다. 하지만 게오르게스쿠-뢰겐은 이러한 가정을 받아들이지 않았고, 경제는 이 행성의 생물 용량이 초과된 지점 이전에 존재했던 상황으로 돌아가기 위해 축소되어야만 한다고 단언했다(Daly, 1997).

경제를 지구의 지리물리학적 한계와 자원의 공정한 배분이라는 전제조건하에 두어야 한다는 게오르게스쿠-뢰겐의 생명경제학은 경제 체제와 그것에 내재한 가치들의 근본적인 변화를 수반한다. 그의 제안들은 경제협력개발기구OECD와 유럽위원회가 지금 장려하고 있는 것과 같은 '바이오경제' 국제기구들과는 거의 관련이 없다. 이런 바이오경제는 지속가능한 발전의 아바타나 마찬가지다. 바이오경제에서 거론하는 새로운 효율성 개념, 디커플링decoupling*, 순환경제 등은 모든 폐기물을 재활용하고 에너지의 생산과 소비를 최적화한다는 청정 성장 모델이라는 신판 소설의 일부다.

탈성장에 대해 영감을 얻을 수 있는 또 다른 원천은 1949년에 트루먼이 이론화한 '개발원조'와 '서구적 믿음Western belief'(Rist, 1997), 또는 세르주 라투슈(2006)의 말을 빌자면 "세계의 서구화"라는 개념에 대한 비판에 바탕을 두고 있다. 이러한 반성들은 이반 일리치, 그리고 앙드레 고르와 코넬리우스 카스토리아디스의 저작들에서 영감을 얻었다. 그들은 사람이 아닌 기계에 중심 역할을 부여하는 산업사회의 타율성에 문제를 제기하고, 소비주의와 소비주의가 갖는 상상력의 토대를 거부해야 한다고 주장했다.

이 논쟁은 세계화의 영향과 생태적 재앙의 가속화로 인해 지난 10여 년 사이에 다시 불이 붙었다. 세계화와 성장이 약속했던 풍요, 번영 그리고 평화는 악몽으로 변하고 있다. 빈곤과 불평등의 지속과 심화, 자원 고갈, 기후변화, 생물다양성 상실, 잘 산다는 느낌의 감소, 환경 재앙과 산업재해의 더욱 잦은 출현이 지금의 현실이다. 성장 이데올로기는 그것이 약속했던 것과는 더욱 멀어지고 위협은 더욱 가까워지는 뚜렷한 징후를 보이며 좌초하고 있다. 화석연료를 이용한 생산 확대 및 온실가스 배출 증가로 인한 지구온난화 문제는 성장 이데올로기가 실패했음을 보여주

---

* 경제가 계속 성장해도 자원 소비나 오염 배출은 그에 비례해 늘어나지 않을 수 있다는 개념-옮긴이

는 확실한 증거다.

'탈성장'이라는 용어는 그 성격상 도발적이며 불경스럽기까지 하다. 이는 성장을 위한 성장, 다른 말로 하자면 이윤을 위한 이윤 추구의 숭배에 지배되는 세계에 살고 있는 사람들의 의식에 일침을 가하는 용어다. 이 용어의 한계 중 하나는 '마이너스 성장negative growth'을 촉구하는 것으로 협소하게 받아들여지곤 해서, 그 결과 관건이 되는 문명의 문제를 흐릴 수 있다는 점이다. 이러한 이유 때문에 일부 성장 비판론자들은 '포스트성장post-growth', '비성장a-growth', '반성장anti-growth', 또는 이반 일리치의 표현으로는 "성장 중독 깨기" 같은 용어를 선호한다.

탈성장은 실제로 성장의 반대나 마이너스 성장이 아니며, 경제학 연구에 근거하고 경제학에서 기원했지만 사실 경제학적 개념은 아니다. 탈성장이 의미하는 것은 다음과 같다.

- 생물물리학적 제약과 생태계의 재생 역량에 조응하여 자연자원과 에너지의 소비를 줄이는 것
- 성장과 발전 이데올로기의 기반과 반대되는 새로운 정치적·사회적 전망을 수립하는 것
- 자율적이고 검약하는 사회를 이루고자 하는 사상, 경험과 전략들의 여러 조류가 함께하는 다중적이고 다양한 사회운동을 추진하는 것
- 성장을 넘어 나아가고 무절제를 거부하는 다양한 방식
- 다시 한 번, "어떻게 성장할 것인가?" 대신에 "어떻게 우리가 함께

그리고 자연과 더불어 살 것인가?"라는 정치적이고 민주적인 질문을 제기하는 운동

/ 탈성장, 그리고 성장경제에서의 탈출구

경제학자들이 성장이라 부르는 것은 국민총생산GDP이라는 용어로 표현되는 생산물의 양적 측정치가 증가하는 것이다. 다시 말하자면, 성장은 자본과 부의 축적 과정이다. 이 과정은 시기와 지리적 위치에 따라 다르기는 하지만 자본주의 역사에서 지속되고 있다. 성장은 19세기 동안처럼, 그리고 1980년대 이래 오래된 산업국들에서처럼 느릴 수 있다. 2차 세계대전 이후 선진국들에서 나타난 '영광의 30년'(실제로는 20년 동안만 지속된)은 사회 진보를 이루는 강력하고 균형 잡힌 성장 모델로 받아들여지곤 한다. 그러나 사실은 하나의 모델이기는커녕, 이 시기는 자본주의 역사에서 하나의 예외에 해당된다. 이 시기의 성장은 남반구의 값싼 자연자원을 손쉽게 구할 수 있었던 점과, 환경에 대한 과중한 부담과 노동 합리화 및 대규모 탈숙련화 덕분에 가능한 것이었다. 이에 대한 대가로, 그리고 공산주의 진영과 사회적 저항에 대응하기 위하여 많은 국민들에게 사회적·경제적 권리를 보장해주었던 것이다.

이러한 '포드주의 타협'은 경제 및 사회 모델로 채택되었고, 사회 갈등은 생산된 부의 재분배 이슈로 축소되는 듯이 보였다. 이는 케인스주의

타협의 한 형태로 흡수되었다. 하지만 케인스 자신은 1930년에 〈우리 손주 세대의 경제적 가능성〉이라는 제목의 유명한 에세이에서 인간이 "우리의 더 많은 에너지를 비경제적 목적에 투여"하는 것을 배우게 될 때가, 그리고 "소유로서 화폐에 대한 사랑이 (…) 그 자체로서, 일종의 역겨운 병적 상태이자 범죄에 가까운 것, 몸서리를 치며 정신과 전문의에게 의탁할 만큼의 병적 경향으로 인식될" 때가 올 것이라고 했다.

지구적 성장은 노동과 자본에만 의존하는 것이 아니라, 에너지와 자연자원도 필요로 한다. 이러한 자원들은 자연을 대체가능한 자본으로 환원하는 신고전파 경제학 모델의 주장과 반대로, 유한한 것이며 기술 자본으로 대체될 수 없는 것이다. 따라서 자본주의의 생산과 소비는 시장의 가치를 벗어나는 삶의 형태와 생계를 빼앗고 파괴함으로써 자라나는 것이다. 1980년대 이래, 경제와 금융의 세계화는 자연자원과 살아있는 유기체를 상품화했을 뿐 아니라 자연자원의 채굴을 가속화했다. 하지만 자본주의 경제는 무한히 성장할 수 없다. 더 정확히 말하자면 불가역적인 사회적·경제적 파괴를 가속화하고 생산된 부를 소수의 손에 집중시킴으로써만 성장할 수 있다.

우리 경제 모델의 외재적 한계라는 문제는 자본주의에만 해당하지 않는다. 생산과 소비의 모든 시스템은 생명계의 하위 시스템이다.

탈성장이 마이너스 성장, 제로 성장, 또는 정상상태와 동일하지 않은 이유가 이것이다. 탈성장은 하향적 경기 변동 또는 침체로의 전환이 아니다. 탈성장은 에너지와 자원 이용에 있어서 자발적이고 계획적으로 축소를 지향하고, 우리의 필요와 선택을 '검약한 풍요frugal abundance'로 재 정의할 수 있게 하는 정치적 선택이다. '지속가능한 탈성장'은, 성장기반 사회에서라면 사회적이고 정치적인 재앙으로 귀결될 것이 분명한, 강제된 침체를 예상하고 대비하는 것이다.

자본주의에서 기술적·경제적 효율성을 향상시키는 새로운 녹색 기술을 활용하여 미시경제와 거시경제 차원에서 자원에 대한 부담을 감소시킬 수 있다고 주장하는 이들도 있다. 그러나 세계적 거시경제 차원에서 볼 때 성장과 축적의 원칙을 재고하지 않는다면, 어느 한 부문과 단위에서의 생산과 소비에서 효율성이 증가해도 그것은 총생산 규모의 증가에 의해 상쇄되고 말 것이다. 예를 들어 지난날 자동차에서 실현된 에너지 효율성 향상은 자동차의 평균 마력과 전체 생산량의 증가에 의해 상쇄되었다. 이것이 이미 19세기 초에 경제학자 제본스가 설명한 '리바운드 효과rebound effect'라 불리는 것이다. 녹색성장이 자연자원의 한계에 대처하는 해법이 될 수 없고, 성장과 자본 축적을 이어가는 수단에 지나지 않게 되는 이유가 이것이다.

이런 생각은 경제성장과 온실가스 배출이 '디커플링'될 수 있다는 희망을 불러일으켰다. 쿠즈네츠 곡선에 기반하고 환경에 적용된 경제 모델에 따르면, 성장으로 에너지 효율성이 향상된 덕분에 온실가스 배출은 궁극적으로 줄어들게 된다. 그래서 국제기구들은 성장이 해법이라고 말한다. 그러나 그들은 효율성과 생산성 향상으로 인해 얻어진 생산량의 증가를 고려하지 않은 것이다. 성장이 바로 문제인 것이다.

서비스와 '지식 경제'에 기반을 둔 이른바 '비물질' 성장 또는 인지자본주의cognitive capitalism도 동일하게 설명할 수 있다. 비물질화된 성장 경제가 출현할 것이라는 예견은 많은 서비스업이 물질을 기반으로 이루어진다는 점을 간과하고 있다. 하나의 소프트웨어는 본질적으로 '뇌의 회백질'로 만들어질 수 있지만, 하드웨어와 컴퓨터 칩은 원료와 에너지 그리고 다량의 물을 이용해야 한다.

끝으로, 선진국에서 '영광의 30년' 동안 이루어진 강력하고 급격한 성장은 북반구가 지배하는 식민국가의 값싼 자원을 뽑아낼 수 있었기에 비로소 가능했다. 지금 급격한 성장을 경험하고 있는 남반구의 일부 국가들은 이러한 성장의 샘이 선진국에서보다 훨씬 빨리 말라버리는 것을 보게 될 것이다. 그들은 자연자원 수요가 폭발적으로 늘어나는 상황에 직면하게 될 것이고 그 대부분을 자기 나라에 있는 자원을 채굴하여 충당해야 할 것이다. 언제든 이런 자원들을 다른 나라에서 빼앗아 오려는 시도를 할 수도 있겠지만, 그 경우 이 자연자원을 얻기 위해 전쟁을 감수해야 할 것이다.

경제학의 영역에서 보면, 탈성장이라는 주제는 게오르게스쿠-뢰겐에게서 나왔다. 그는 경제를 생명계에 재통합했고 엔트로피의 법칙(경제 과정에서 에너지와 물질의 해체와 무질서도 증가의 원칙)을 경제 분석의 일부로 포함시켰다. 허먼 데일리(1992), 팀 잭슨(2011), 그리고 다른 여러 학

자들*이 성장 없는 거시경제학과 번영에 관한 새로운 이론을 발전시키
는 중이다. 하지만 탈성장은 경제주의에 대한 강력한 비판이기도 하며
'탈성장 사회'와 함께 말하지 않고는 제대로 이해될 수 없다.

/ 탈성장, 그리고 성장기반 사회에서의 탈출구

성장은 경제에만 관련된 것이 아니다. 성장은 모든 인간 사회에서 '진
보'를 역사의 규범으로 만드는 사회 비전이다. 자본주의에서 이 규범은
GDP로 측정되는 경제성장이다. 그리하여 성장은 정치적 목표, 강요된
시민의 덕성, 자유롭고 정의로운 사회를 이룩하는 유일한 방법, 그리고
민주주의로 가는 길이 되었다. 이러한 이데올로기는 사회를 정치적 차원
이 모두 박탈된 노동자와 소비자라는 사람들로 환원시켰다. 사회적 갈등
은 그저 부의 분배를 둘러싼 투쟁으로 환원되었고, '부'의 성격과 그것이
어떻게 얻어진 것인지와는 무관한 문제처럼 되어버렸다.

신자유주의는 이러한 과정을 전 세계 차원에서 가속화했다. 1980년

---

* 장 가드레(Jean Gadrey), 2010,《성장에게 안녕을 : 연대의 세계 속의 비비르 비엔*Adieu à la croissance. Bien vivre dans un monde solidaire*》Le Petits matins, Paris ; 리처드 하인버그(Richard Heinberg), 2011, 《제로 성장 시대가 온다 - 성장의 종말과 세계 경제의 미래*The End of Growth: Adapting to Our New economic reality*》(부키), New Society Publishers ; 로버트 디에츠(Rob Dietz)와 대니얼 오닐(Dan O'Neil) (préface Herman Daly), 2013,《이만하면 충분하다*Enough is Enough*》(새잎) , Routledge.

대의 신자유주의 정책들은 1970년대에 일어난 선진국들의 성장 둔화에 대한 반응이라 볼 수 있다. 자유무역과 기업의 금융화 증가 이면에는 성장둔화에 따라 새로운 성장 원천을 찾으려는 필사적인 노력이 숨어 있다.

사회민주주의 전통(그 모든 갈래들)에서, 성장은 사회정의의 필수조건으로 여겨졌다. 조리법과 첨가물이 뭐가 되든 간에 신경 쓰지 않고, 모두가 더 큰 조각을 먹을 수 있도록 파이를 더 크게 만드는 게 문제였다. 이러한 입장은 정치를 경영의 문제로 환원시켰다. 하지만 사회정의는 성장의 결과를 재분배하는 일로 환원될 수 없다. 사회정의는 모든 인류의 동등한 존엄성을 인정하는 것이며 그러한 존엄성을 보장하는 데 필요한 물질적 조건의 보전과 분리할 수 없는 것이기도 하다. 1980년대 이래 사회민주주의 정치인들이 대거 신자유주의 정치로 전향하도록 한 것이 바로 이 환상, 자유무역협정과 경쟁이 성장을 회복시킬 수 있다는 생각이었다.

탈성장이 경제적 개념이 아닌 이유가 여기에 있다. 탈성장은 사회가 가진 표상과 가치를 포함, 사회 전체와 관련된 개념이다. 탈성장은 진보에 대한 서구적 개념과 그것이 이 행성 전체에 미치는 영향에 의문을 제기한다. 탈성장은 인간 활동의 재배치, 부의 재분배, 노동의 의미 복원, 공생적인 소프트 테크놀로지, 속도 늦추기와 풀뿌리 지역공동체로의 권력 반환에 기반을 둔다.

탈성장은 몇 가지 비판적 사상 조류들의 표현이다. 시장과 세계화에 대한, 기술과 기술과학에 대한, 인간중심주의와 도구적 합리성에 대한,

호모 이코노미쿠스와 공리주의에 대한 비판이며 한도를 넘어섬에 대한 비판이다.

탈성장은 삶의 속도 증가, 경제 및 금융의 세계화, 자연자원의 대규모 개발, 에너지 문제에 대한 무책임한 태도, 광고와 소비주의, 사회와 환경 부정의를 거부하는 사회운동으로 구체화된다.

2008년 이래로 열린 몇몇 국제회의들이 탈성장 운동의 확장에 기여했다. 2014년 라이프치히에서 열린 회의에는 3천 명 넘게 참석했으며, 가장 최근의 회의는 부다페스트에서 열렸다.

/ 탈성장과 발전 이데올로기

발전은 항상 경제성장과 본질적으로 연결되어왔다. 그것은 양적 성장이자 질적 성장이었고, 말하자면 '좋은' 성장이었다.

서구적 발전 관념에 대한 초기 비판은 1980년대에 나오기 시작했는데, 주로 에스코바르(1996), 볼프강 작스(1992), 라투슈(1986), G. 리스트 그리고 앙드레 고르와 마지드 라흐네마의 저작들에서 찾아볼 수 있으며, 이들은 모두 이반 일리치의 이론에 영향을 받았다. 지속가능한 발전은 이후에 모순어법 또는 상충적인 용어로 간주되었다. 포스트발전주의 이론들 역시 탈성장에 관한 사상의 여러 갈래에 영감을 주었다.

탈성장 이론들은 주로 남반구의 발전주의 이론들과 충돌했다. 마르크스주의 전통 속에서, '진보적' 세력들은 발전주의를 옹호했다. 생산력 발전을 해방에 필수적인 기초를 건설하는 방법으로 보았기 때문이다. 1970년대에 성장에 관한 최초의 경고가 나왔을 때 강력한 비판을 받았던 것도 이 때문이다.

하지만 성장에 대한 보편적인 믿음은 남반구 사회들에서도 흔들리고 있는 중이다. 성장과 진보에 대한 비판적 시각은 전후의 붐과 현재의 '위기' 훨씬 이전에 등장하기 시작했지만 오래도록 서구 사회에서 제한된 논의로 머물러 있었다. 발터 벤야민, 한나 아렌트, 귄터 안더스, 자크 엘륄 그리고 프랑크푸르트학파의 저작들이 이를 대표적으로 보여준다. 이제는 남반구에서도 지반을 다져가고 있지만, 남반구 인구 다수는 여전히 성장을 강하게 원하고 있다. 이것이 성장 비판자들, 특히 우파 내의 이들이 남반구 민중의 존재를 무시한다고 여겨지곤 하는 이유다. 나아가 성장은 도덕적 삶의 조건인 자연에 기초를 두며, 인간이 비인간적 조건으로부터 스스로를 자유롭게 할 수 있는 유일한 방법이라는 주장으로까지 이어진다. 그러나 서구 사회의 비인간화와 비문명화는 그러한 주장의 허구성을 일부나마 드러내준다.

남반구에서의 성장에 대한 비판은 발전에 대한 비판과 함께 '포스트 발전' 시대를 위한 열망을 담고 있다. 에콰도르의 알베르토 아코스타, 우루과이의 에두아르도 구디나스, 아르헨티나의 마리스텔라 스밤파, 베네수엘라의 에드가르도 란더 등과 같은 라틴아메리카 연구자와 활동가들이 '발전을 넘어서Beyond development'*라는 이름의 워킹그룹을 구성하여 함께 활동한 목적이 이것이다. 다른 대륙들의 경우를 보면, 인도의 반다나 시바와 아룬다티 로이, 세네갈의 엠마누엘 디온 등이 이제까지 수십 년 동안 세계의 서구화와 발전에 대한 비판을 발전시켜왔다.

그럼에도 탈성장에 대한 요청은 선진국에서 시작된 탈성장 과정이 부의 재분배를 실현하고 바람직한 미래를 제시할 수 있을 때 남반구에서 의미를 갖게 되고, 남부국가의 공공 정책에 영향을 미치게 될 것이다. 그때에야 비로소 "남들이 단순하게 살 수 있도록 단순하게 살아라."라는 간디의 말이 온전한 의미를 가질 것이다.

탈성장은 남부국가에서는 논쟁을 불러일으킬 수 있는 선택지다. 왜냐하면 이들 국가는 성장기반 사회가 아니거나 아직 그 과정에 진입하지 않았고, 생태발자국 수준이 낮으며, 인구의 기본적 필요가 제대로 충족되지 못한 상태이기에, 탈성장은 이미 성장한 국가에서나 필요한 과제라고 생각될 수 있기 때문이다. 하지만 탈성장은 성장기반 사회로 진입하지 않기 위한 것이고, 북반구의 경제적·문화적 지배와 단절하기 위한 것이며, 전통문화 속에 이미 존재하는 자제와 온유의 감각을 되찾기 위한 요청이기에 남반구에서도 받아들여질 수 있을 것이다.

---

*   http://rio20.net/wp-content/uploads/2012/07/mas-alla-del-desarrollo_30.pdf

/ 탈성장과 사회운동

성장 이데올로기는 수백 년에 걸쳐 쌓여온 것이며, 그것이 해체되려면 오랜 시간이 필요할 것이다. 이를 위해서는 우리 시대의 중대한 도전들에 대처함과 동시에, 지구에서 모두가 함께 더불어 살아가는 새로운 방식의 토대가 될 사회적 문화와 정치가 요청된다.

몇몇 사회운동이 탈성장이라는 매트릭스의 일부를 이루지만, 아직도 탈성장이라는 개념을 자신의 것으로 삼지 않는 실정이다. 남반구-북반구 관계와 자원 약탈에 초점을 두는 운동이 있고, 생산주의를 거부하고 '소농'을 지원하는 농민운동이 있으며, 생태계를 희생시키며 막대한 원료를 수출하게끔 강요하는 부채를 탕감하기 위해 싸우는 운동이 있다. 또한 토지에 대한 권리를 요구하는 운동과 커먼즈 운동, 수자원 권리 운동, 환경정의 운동, 불필요한 대규모 프로젝트(메가 댐, 공항, 고속도로, 고속철도, 거대 쇼핑센터 등) 반대 운동, 분산형 에너지와 전환마을 지원 운동, 슬로푸드, 슬로사이언스, 슬로시티, 하이테크가 아닌 로테크, 로컬푸드, 탈세계화와 활동의 재지역화 운동이 있다.

큰 틀에서 보면, 이는 이반 일리치가 발전시킨 '대항 생산성counter-productivity'의 원칙을 구체적으로 실현하는 문제다. 일정한 지점을 지나면 생산주의 정책은 더는 효과를 발휘하지 못한다. 산업화된 농업은 사람을 먹여 살리는 대신에 아프고 병들게 하며 토양을 혹사시켜서 미래를 파괴한다. 건강과 관련된 지출의 증가는 대다수 사람들의 건강을 증진하지 못하면서 제약회사의 이윤만 늘려준다. 자동차 교통량의 증대는 이동하는 거리의 총량과 교통수단에 들이는 시간을 늘릴 뿐이다. '성장'은 일자리를 파괴하거나 더욱 취약하게 만든다.

이러한 저항의 투쟁과 경험들은 이미 다른 가능한 세상을 향한 길을 내고 있다. '아래로부터의 변화'를 시작하고 있고, 그것 없이는 어떤 사회적·정치적 변혁도 생각할 수 없을 것이다. 그러나 그것으로 충분할까? 우리는 어디에서 좀 더 폭넓은 변혁의 지렛대를 찾을 수 있을까? 우리의 전망을 변화시킬 필요가 있다는 점을 이해하고 동의하는 것은 비교적 간단하지만, 포스트성장 사회가 가져야 할 전환의 상을 고안해내는 것은 어려운 일이다. 이와 관련해 많은 질문이 제기된다. 무엇을, 어디서, 그리고 어떻게 하는 탈성장인가? 어떤 다양한 정책들을 어떤 규모로 강구해야 하는가? 경제성장 없이 연대와 정의를 어떻게 실현할 것인가? 무엇이 이정표가 될까? 어떤 발걸음을 내딛어야 할까? 산업 전환을 어떻게 조직할 수 있을까?

성장과 생산주의의 대안은 개인적, 지역적, 국가적 그리고 지구적인 모든 차원에서 상호보완이 되어야 한다. 앞으로 나아가려면 북반구에서 돌파구를 내는 게 핵심인데 그 까닭은 다음과 같다.

- 자본주의와 생산주의는 북반구 나라들에서 발명되었고, 생산주의적 '사회주의' 역시 그렇다.
- 따라서 이 모델은 북반구에서 수출되었고, 남반구에서 동맹자들을

찾았다.

- 부의 제한 없는 성장이 행복과 정의의 필수조건이라는 환상이 가장 깊이 뿌리박힌 지역이 북반구다.

- 북반구 나라들에서 생태계 파괴는 가장 빈곤한 이들을 타격하며(먹거리, 보건, 주택, 레저 등), 경제와 금융의 세계화는 일자리와 노동자 그리고 자연을 파괴한다.

남반구에서는 여러 저항 운동과 구체적인 경험들을 바탕으로 사회와 환경의 관계를 재정립함으로써 신자유주의와 생산주의에 도전하고 있다. 이러한 운동들은 일반적으로 오랜 기반을 가지며 호안 마르티네즈 알리에가 "가난한 이들의 환경주의"라 지칭한 것과 연결된다(Martínez Alier, 2002). 이러한 운동들은 남반구 나라들과 이 행성이 겪는 '고통'에 대한 거짓 동정 담론과, 환경에 대한 염려는 부유한 나라들과 부자들의 복에 겨운 사치일 뿐이라는 주장을 잠재우는 데 뒷받침이 된다.

이러한 성찰을 특출난 개인과 전문가들로 이루어진 깨인 엘리트들의 손에만 맡겨둘 수는 없다. 우리는 그러한 엘리트주의적 비전이라면 아무리 생태적이라 하더라도 새로운 형태의 전체주의를 초래할 뿐이라는 것을 알고 있다. 구체적인 사회관계와 경험들이 우리 성찰의 바탕이 되어야 한다.

대안의 원천은 다양하며 그것들을 다시 찾아내는 것이 우리의 과제 중 하나이다. 이미 언급한 이들에 더하여, 1980년대의 주류적 경향을 거슬러서 발전과 생산주의의 경제적 이미지에 대한 비판을 이어간 코넬리우스 카스토리아디스의 작업을 살펴볼 필요가 있다(Castoriadis, 1998).

그는 자신의 비판을 자본주의 및 '국가자본주의'에 대한 비판과 연결시켰고, 그 결과로 '필요한 검소necessary frugality'라는 개념을 제안했다. 그의 정치사상은 검소한 사회를 민주사회의 조건으로 삼는다. 그에게 있어 민주사회는 공동으로 규정한 한계 내에서 공동으로 선택하는 것이 가능하다는 것을 재발견하는 사회다. 카스토리아디스는 사회관계, 사회운동과 정치를 분석의 한가운데에 놓는다. 그가 정의한 바에 따르면, 검소는 기술과학의 지배와 신자유주의가 부여한 타율성으로부터 우리 스스로를 자유롭게 해준다.

/ 탈성장으로 나아가기 위하여

성장기반 사회를 넘어 나아가기 위해서, 우리는 부와 자본의 끊임없고 제한 없는 축적 위에 건설된 자본주의에 도전해야만 한다. 그러나 자본주의에 대한 도전이라고 해서 반드시 성장에 의문을 제기하는 것은 아니다. 생산주의는 자본주의와 사회주의, 정치적 우파와 좌파 모두의 공통된 특징이다.

탈성장은 자본주의만 비판하는 것이 아니다. 탈성장은 우리를 둘러싼 자연으로부터 우리를 분리해야 자유와 해방을 이룩할 수 있다는 인식을 문제 삼고, 무한정한 물질적 부의 생산과 소비의 제단에 개인과 집단의 자율성을 희생시킨 문명의 문제도 제기한다. 자본주의는 생계수단을 박탈하고, 노동자를 자본주의 질서로 복속시키며, 자연을 상품화하는 등 더 나쁜 해악을 불러왔다. 인간과 자연과 세상 위에 이성의 통제를 수립하려는 자본주의의 계획은 이제 무너지고 있다.

탈성장, 아니 좀 더 제대로 말하자면 포스트성장 또는 '성장 중독 깨기' 운동이 비비르 비엔, 어머니지구의 권리를 위해 싸우는 운동들, 채굴주의에 대한 거부, 탈세계화, 그리고 진정한 민주주의를 위한 더 광범위한 투쟁의 열망과 만나기 위한 길을 내고 있다.

– 크리스토프 아기똥 –

커먼즈
The Commons

공동의 것을 공동체가 관리하는 모델

＊＊＊

오늘날 공동재common goods 또는 커먼즈commons*라는 개념은 경제를 국유화하지 않고서도 신자유주의적 자본주의와 민영화에 대항하는 대안으로 인식되어 많은 사회운동과 일부 정치세력이 옹호하는 용어가 되었다. 커먼즈란 무엇인가? 그것은 물질적인 것이든 자연이나 지식이든 공동의 '재화'에 대해 발언할 수 있는 권리를 의미하는가, 아니면 반대로 사회관계 혹은 인류공동체의 삶에 핵심이 되는 다양한 요소와 과정을 집단적으로 관리하는 방식을 의미하는 것일까? 무엇이 '공동'이라는 것을 규정하는가? 사물에만 해당될까, 아니면 사회관계에도 해당될까?

　이 장에서는 '재화'로서의 커먼즈보다는 '공동으로 누리는 것'으로서의 커먼즈에 초점을 두어 살펴볼 것이다. 그 까닭은 인류공동체에 꼭 필요한 다양한 요소와 양상의 사회적 관리 과정이라는 점을 조명하기 위해서이다. 이 협력적인 사회관계는 물질과 자연, 디지털, 지식에 이르기까지 진화되어왔다. 이 모든 것들은 공동체의 관리라는 실천을 통하여 공동의 것이 된다. 그 실천이란 공동체 구성원들이 함께 돌보고 재생산하며, 그들의 사회 조직의 형태를 풍요롭게 하는 것을 말한다.

---

* 'commons'는 다양하게 번역을 할 수 있는데, 이 책에서는 보편적으로 통용되는 용어인 '커먼즈'로 번역한다. 하지만 'common goods'의 경우 공공재나 인류재 등과 비교되어 사용되는 경우가 많기 때문에 '공동재'라는 용어로 번역하여 구분하고자 한다. —옮긴이

/ 커먼즈의 기원

커먼즈라는 용어의 기원은 중세시대 영국으로 거슬러 올라간다. 당시에 농민들은 목초지나 교구의 숲에 접근할 수 있는 권리가 있었다. 1215년 영국의 귀족들이 영국 왕 존에게 강요한 대헌장 '마그나 카르타 Magna Carta'에는 대영제국의 신하들이 누릴 수 있는 자유에 대해 규정하고 있다. 대헌장은 1225년에 수정을 거쳤는데, 그때 '숲에 대한 헌장'에 관한 문헌이 새로 추가되었다. 이 문서에는 목초지와 숲에 대한 커머너들commoners(평민들)의 접근권에 대한 내용이 담겨 있다.

그런데 이후 영국의 커먼즈는 16세기와 18세기에 토지소유자들에 의해 문제가 되었다. 한창 번성하던 섬유산업을 위해 양의 목축을 보호하도록 토지를 폐쇄할 수 있는 권리를 원한 것이다. 담장을 치는 인클로저 운동으로 영국의 평민들은 피해를 입었다. 당시 영국 평민들이 처한 상황은 중세시대의 사회경제적인 조직 형태에서 비롯된 것이지만 다른 대륙의 전자본주의 사회에서도 비슷한 현상을 발견할 수 있다. 그리고 커먼즈를 관리하는 관습이 있던 원주민들의 관리방식에서는 이같은 현상이 더욱 복잡하고 다양한 형태로 드러난다.

/ 커먼즈의 본질

커먼즈란 물질이나 비물질적인 것을 인간 집단이 공동으로 관리하는 특별한 사회관계 양식이다. 이 정의에 따르면 커먼즈를 규정하는 것은 재화의 속성이 아니다. 물이나 공기와 같은 자연의 요소는 그 자체로 존재하지만 인간 집단이 집단적인 방식으로 관리함으로써 공동재가 된다. 예컨대 오아시스의 물을 공동체에 분배하는 것처럼.

1954년에 노벨상을 받은 경제학자 폴 새뮤얼슨에 따르면, 공공재 public goods의 특성 중 하나는 비경쟁적이고 비배타적이라는 점이다. 예를 들어 가로등에서 나오는 불빛의 경우에서처럼, 어느 누구도 그 빛을 누리는 것을 배제할 수 없고(비배타성), 어떤 사람이 불빛을 이용한다고 해서 그것이 다른 사람의 이용을 막지는 않는다(비경쟁성)는 것이다. 그런데 그가 이렇게 주장한 후 몇 가지 문제가 발생했다. 일례로, 어떤 경제학자들은 새뮤얼슨이 공공재의 기준으로 설명한 것을 공동재의 기준으로 삼아서 공동재와 공공재 간의 혼동을 일으키기도 했다. 조금 더 복잡한 문제가 제기되기도 했다. 공동재가 비배타적이긴 하지만 경쟁적인 재화라서 소모될 수 있다는 점이었다. 먼바다에서의 고기잡이나 숲의 이용 같은 경우, 이용을 제한할 수는 없지만 모두가 한꺼번에 이용할 수는 없기 때문이다.

1960년대에는 활동가들과 과학자들 사이에서 이른바 '자연자원'의 한계와 인구 증가에 대해 고찰하는 흐름이 생겨났다. 그러면서 자연재

와 사회적·환경적 지속가능성과의 관계에 대한 논의가 활발히 이루어
지기 시작했다. 1968년에는 가렛 하딘이 '공유지의 비극The tragedy of the
Commons'이라는 제목의 글을 발표했는데, 이 글에서 그는 다음과 같이
단언했다. "개인적이고 독립적인 이익에 기반을 두고 행동한다면 그 행
동이 아무리 합리적일지라도 개인들은 한정된 공유자원을 파괴하고 말
것이다. 개인이든 집단이든 어느 누구도 파괴를 원하진 않지만."(Hardin,
1968)

하딘은 어민이든 농민이든 자신의 개인적인 자원을 사용하기 전에 먼
저 커먼즈를 소비하기 때문에 커먼즈는 지속될 수 없음을 보여주고자 했
다. '공유지의 비극'이 던지는 메시지는, 공동체가 공동으로 소유한 것들
을 잘 이용하기 위한 합리적인 협정을 도출할 능력이 없기 때문에 공동
의 자원을 효율적으로 관리하기 위해서는 사적 소유나 공적 소유 형태로
관리해야 한다는 것이다.

2009년에 노벨상을 수상한 미국의 정치학자 엘리너 오스트롬은 커먼
즈에 대한 하딘의 이론과 여러 다른 논리에 반대하며 만약 공동체가 운
영한다면 커먼즈는 효율적으로 관리될 수 있음을 입증했다. 1990년에
발간된 저서 《커먼즈의 통치 : 공동행동을 위한 제도의 진화》*에서 그녀
는 전 세계 각지에서 이루어진 커먼즈 운영의 경험을 두루 연구한 뒤 커

---

* 원제는 'Governing the commons: The evolution of institutions for collective action'이다. 한국에
서는 2010년에 《공유의 비극을 넘어, 공유자원 관리를 위한 제도의 진화》라는 제목으로 번역 출간되었
다.―옮긴이

먼즈와 관련한 문제에 대해 논쟁을 벌인다. 그녀는 커먼즈의 운영과 같은 복합적인 현실을 다루기 위해서는 복합적인 시스템의 복합적인 디자인에 기반하는 '다중심 지배구조polycentric governance'가 강조되어야 한다고 결론을 내린다. 오스트롬은 공동체와 사람들이 자원 운영에 대한 사회적 합의를 도출함으로써 지속가능한 운영 시스템을 개발할 수 있다고 확언했다.

오스트롬은 자신이 쓴 책에서 커먼즈의 운영구조를 특징짓는 여덟 가지 원칙을 밝혔다.

- 명백히 규정된 멤버십을 가진 조직 : 구성원들은 자신이 어떻게, 그리고 왜 그 집단의 구성원이 되었는지 알아야 한다.
- 커먼즈를 운영하기 위한 일관된 규칙 : 누가, 언제, 그리고 얼마만큼 커먼즈를 이용하거나 관리해야 하는지에 대한 것.
- 집단적으로 대표자를 뽑는 민주적인 시스템
- 모니터링 시스템 : 운영자는 조직에 보고해야 한다(감사제도).
- 규칙을 어기는 자에 대한 제재에 관한 제도
- 갈등 해결 메커니즘
- 국가나 자치단체에게서 자율적으로 조직하기 위한 최소한의 권리를 인정받아야 한다.
- 공동자원을 활용한 활동은 이해관계자 조직에 의해 수행되어야 한다.

　오스트롬의 이론은 자연이라는 것을 사람들의 공동체에 의해 운영될 수 있는 '자원'으로 다루었다는 점에서 비판을 받기도 한다. 왜냐하면 커먼즈란 생태계와 지구 시스템의 일부로서 고유한 생애주기가 있으며, 만약 생태계의 지속가능성을 보장하려면 커먼즈를 인간중심적으로 운영해서는 안 된다는 사실을 망각하고 있기 때문이라는 것이다. 이러한 비판은 앞 장의 비비르 비엔에서 보듯 여러 원주민 부족이 자연에 대해 가지는 생각과 같은 맥락에서 이해될 수 있다. 원주민들에 따르면 자연은 그들의 고향이고 어머니이며 삶의 토대이므로 그것을 지배하기보다는 돌보며 공존해야 하는 것이다.

/ 공동재Common goods와 공공재Public goods

　커먼즈는 또한 신자유주의로 인한 세계화 물결로 촉발된 광범위한 민영화 조치에 대한 대안으로 인식되어 많은 관심을 끌고 있다. 그렇지만 커먼즈만이 유일한 해결책이 될 수는 없으며, '세계공공재global public goods'혹은 '인류공동재common good of humanity'와 같은 개념도 등장하고 있다. 이 개념들은 기후변화에 관심을 가지고 금융위기를 해결해야 하며, 이러한 위기를 시장이나 금융 투기의 자유 의지에 맡겨 두어서는 안 되기에 지구촌 전체가 책임감을 느끼고 해결해야 한다는 점을 부각시키기 위해 제안된 것이다. 그렇지만 이러한 방식은 공동재와 공공재를 구분하지 않고 같은 의미를 가지는 개념으로 묶어버리는 단점이 있다.

리카르도 페트렐라는 공기, 물, 생명윤리적 자본, 숲, 태양, 에너지와 지식처럼 삶에서 핵심이 되는 것들을 '생명재vital goods'로 명명하며, 인류공동재로 인정되어야 한다고 제안했다(Petrella, 1996). 마찬가지로 2009년에 프랑수아 오타르는 국제연합에서 민주주의, 다문화주의, 기후변화에 대한 투쟁, 그리고 건강돌봄, 교육, 대중교통과 전기 등과 같은 서비스를 공동재로 정의하여 '인류공동재에 대한 만국 선언'을 채택해야 한다고 제안했다.

위와 같은 제안과는 달리 우리는 한 세기 전 좌파에서 옹호했던 전망과 현재의 논쟁 사이에는 차이가 있기 때문에 공공재와 공동재는 구분하는 것이 중요하다고 생각한다. 한 세기 전으로 거슬러 올라가보면 좌파진영에서는 자본주의와 사회주의를 둘러싸고 논쟁이 벌어졌다. 그들은 자본주의를 생산수단의 사적 소유와 시장의 법칙으로 특징짓고, 사회주의를 생산수단의 국유화와 계획경제로 규정하며 양자를 대립된 관계로 보았다. 하지만 한 세기 전의 좌파가 생각한 방식과는 달리 커먼즈에 관한 현재의 논의를 보면 자본주의뿐 아니라 국가 중심의 사회주의 양쪽에 대한 대안이 있음을 알 수 있다. '커먼즈 전략 그룹Commons Strategies Group'*을 설립한 미셀 바우언스, 실케 헬프리히, 데이비드 볼리어 같은 지식인들이나 크리스티앙 라발과 피에르 다르도 같은 학자들이 이러한

---

* http://commonsstrategies.org/who-we-are/

견해에 동의하고 있다. 커먼즈에 관한 이들의 접근방법이 중요한 까닭은 지금이 국가중심으로 경제가 운영되는 방식에 한계가 있음을 밝혀야 하는 시점이기 때문이다. 실제 구소련연방의 중앙집권적 계획경제하에서 많은 공기업들이 민간주식회사와 비슷한 방식으로 경영되었다. 그런데 시장경제에서도 2차 세계대전 후 산업이 국유화되었을 때 같은 현상이 나타났다.

공적 영역이란 학교, 병원, 연구소 및 여타의 행정기관(정부, 지방당국)과 같이 사적이지 않은 활동의 운영을 특화하여 국가의 제도로 위임한 영역이다. 보통 공적 영역은 넓은 의미로 국가와 관계된 모든 것을 포함한다. 반대로 커먼즈는 이해가 걸려 있는 사람들이나 집단이 직접적으로 관련되어 있는 영역이다. 매일매일 협동조합의 사업을 관리하는 협동조합의 조합원도 있고, 일 년에 며칠 동안만 땔감을 베는 마을 주민들도 있으며, 때때로 위키피디아에 글을 올리는 협력자들까지 관여의 정도는 아주 다양하다.

공公과 사私, 시장과 국가기획의 관계는 엄격히 둘로 나눌 수 있는 것이 아니다. 사실은 공과 사, 커먼즈라는 세 유형이 있다. 예컨대 지도 제작과 관련해서 보면, 구글지도와 구글스트리트뷰를 독점권을 가지고 제공하는 다국적기업이 있고, 대부분이 군인으로 구성된 공공지도국이 있고, 마지막으로 오픈스트리트맵과 같은 지도 서비스를 만드는 '관심 있는 활동가들'이 있다. 마지막 세 번째는 자유롭게 편집 가능한 협력 프로젝트로서 점점 성공을 거두고 있다. 프랑스의 경우 구글이 무료로 지도를 이용할 수 있게 해주기 때문에 프랑스국립지리연구소IGN는 더 이상 디지털지도를 팔 수 없게 되어 경쟁력을 잃어가는 중이다. 반면 오픈스트리트맵은 협력자들이 2010년 1월 12일에 발생한 지진으로 파괴된 아이티의 포르토프랭스Port-au-Prince의 지도를 단 며칠 만에 공동 제작하는 데 성공하여 유명해졌다.

또 어떤 이들은 사실 공과 사, 커먼즈와 자연까지 포함하여 네 가지 관계 방식이 있다고 주장한다. 그들은 자연이 스스로 조절하는 기능과 자체의 역동성을 가지고 있으므로 모든 경영 과정에서 이러한 점이 고려되어야 한다고 강조한다.

/ 커먼즈의 유형

커먼즈 개념의 기원은 중세시대 영국의 농민들이 생계를 위해 접근할 수 있었던 숲과 목초지와 같은 자연재natural goods에서 찾아볼 수 있다. 이후 커먼즈는 그 의미가 확장되어 전자본주의 사회에서 집단적으로 운영되던 목초지, 공동체 관개 시스템, 어업지역, 숲 등 모든 자연자원에 적용될 수 있다.

최근에는 지적 소유권에 관한 규칙의 강화에 따른 대응으로 지식커먼즈도 등장했다. 지식커먼즈의 초기 형태는 1980년대 초에 등장하여 발전된 '프리소프트웨어free sofrware'이다. 당시에는 컴퓨터 산업의 수익 모델이 하드웨어 판매에 기초한 것이었기에 소프트웨어에는 별도의 요금이 부과되지 않았다. 그런데 IBM이 1981년에 최초의 마이크로컴퓨터를 개발한 애플사와 같은 실리콘밸리의 신규 기업가들과 경쟁하기 위하여 긴급계획을 발표하면서 상황이 바뀌었다. IBM이 마이크로컴퓨터인 PC의 운영시스템을 빌 게이츠의 회사인 마이크로소프트사에 하청을 준 것이다. 마이크로소프트사는 IBM의 PC와 별도로 자신의 운영체제에 요금을 부과하기 위하여 특허를 신청했다. 이러한 소프트웨어 업계의 변화에 대응하고자 1985년에 MIT의 엔지니어인 리처드 스톨먼이 보스턴에서 '프리소프트웨어재단Free Software Foundation'을 설립했다. 이 재단은 대중라이선스라는 GPLGeneral Public License*로 알려진 무료 소프트웨어를 지원하는 조직이 되었다. 스톨먼과 프리소프트웨어를 위한 운동가들은 소프트웨어는 인류공동재로서 모든 이들이 자유롭게 접근할 수 있어야 한다고 생각했다. 이 운동은 계속 발전하여 오늘날 대부분의 소프트웨어는 무료로 제공되거나 프리소프트웨어에 기초하고 있다.

2000년대에 들어 지식커먼즈 영역은 두 가지 새로운 시도를 중심으로 확장되었다. 그중 하나는 미국 법률가인 로렌스 레시그가 만든 '크리에이티브 커먼즈Creative Commons'**로, 사진과 문서, 음악 등 모든 지적 작품을 저작권과 지적 소유권에서 자유롭게 이용할 수 있게 하는 라이선스

---

* http://www.gnu.org/licenses/licenses.fr.html

** https://creativecommons.org/

의 집합소이다. 룰라 대통령 시절 문화부장관을 역임한 브라질의 유명가수 질베르토 질의 경우 자신의 작품 중 일부를 크리에이티브 커먼즈 라이선스 방식으로 공개하기도 했다.

다른 하나는 학계에서 발전되었다. 학계에서도 학술지를 관장하는 대형 출판사들의 독점으로 지적 소유권 관련 규칙이 강화되는 상황에 처했다. 대부분의 연구자들과 고등교육 교육자들은 월급쟁이일 뿐, 그들의 학술적인 발표로 인해 벌어들이는 수입이 전혀 없는 까닭에 그러한 상황은 불합리하기 짝이 없었다. 이러한 상황에 대응하고 비싼 학술지 정기구독료를 지불할 능력이 없는 남부국가들의 대학들을 지원하기 위하여 2002년에 부다페스트에서 '오픈 액세스 성명Open access initiative'*이 발표되어 전 세계의 연구자들이 자유롭게 그들의 작업을 출판할 수 있게 되었다.

다른 한편으로는, 환경문제에 대한 우려가 확산되고 기후온난화와 대기 및 수질오염의 심각성을 자각하게 되면서 커먼즈가 좋은 해결책이 될 수 있다는 생각이 호응을 얻기 시작했다. 이와 관련해서 이루어졌던 여러 가지 시도 가운데 물에 관한 시도가 가장 큰 성공을 거두었다. 가장 두드러진 사례는 볼리비아에서 일어났던 물 전쟁인데, 코차밤바와 로스 알토스에서 물의 민영화에 대항해 투쟁이 확산되었다. 그리고 이탈리아에서는 국민투표를 실시하여 '커먼즈로서의 물' 찬성표가 승리를 거두기

---

* http://www.budapestopenaccessinitiative.org/

도 했다. 하지만 승리를 거두었다고 해서 모든 문제가 다 해결된 것은 아
니다. 특히 이 커먼즈를 직접 운영할 국민의 역량이 문제다. 예컨대 볼리
비아에서 공공부문이 자연자원을 제대로 운영하지 못했을 때 반민영화
운동 진영은 공공부문과 사회부문이 공동으로 운영하는 방식을 제안했
었다. 그러나 이 제안은 지자체와 관료주의적 노동조합, 그리고 수자원
공사의 기술관료들의 저항에 부딪혔다. 따라서 이 새로운 자연자원 커먼
즈는 아직 기획 단계에 머물러 있거나 정치적 의지에 달려 있으므로 완
전히 현실화되었다고 보기는 어렵다.

　자연과 연계된 커먼즈가 직면한 도전은 그것이 수백만, 아니 수십억
인구와 관련된 문제라는 점이다. 전자본주의 사회에서 자연커먼즈는 수
십 명, 수백 명의 양치기들과 농민들이 관리했지만, 오늘날 기후와 관련
한 커먼즈는 전 지구 차원의 집단적인 관리가 요구되는 실정이다.

　마지막으로 협동조합과 공제조합 및 결사체association를 포함한 사회
적경제 조직과 더불어 연대경제의 이름으로 등장하는 사회적기업을 포
함하는 커먼즈가 있다. 경제에서 이 부문이 차지하는 비중은 상당하다.
예컨대 노사갈등 후 노동자들이 인수한 협동조합에서 매출액이 수십억
에 이르는 공제조합은행에 이르기까지 다양한 현실로 드러난다. 이 조직
들은 단일하지 않고 제각기 역동성을 가지기에 커먼즈와는 다른 길을 걷
는 것처럼 보이기도 한다. 하지만 협동조합들과 많은 사회연대경제 기업
들의 역사와 목적을 고려했을 때 커먼즈의 한 부분으로 간주되어야 한다
고 생각한다. 협동조합은 19세기에 노동자의 착취와 소외에 기초한 산

업자본주의에 대한 대안으로 노동운동과 사회주의운동이 내놓은 첫 번째 해결책이었다.

따라서 우리는 아주 다양한 커먼즈의 현실에 직면하고 있으며, 각각의 차이와 긴장관계로 인하여 그 모든 것들을 아우르는 하나의 정의를 도출하기 어려운 상황이다. 오아시스에서 물을 끌어들여 분배하기 위한 한 마을이나 소수의 인적 집단, 산악지대에서의 공동 목초지 접근 혹은 유럽의 여러 지역에서 공동체 나무 자르기, 프리소프트웨어를 위한 인류, 기후나 지구와 같이 인간은 단지 한 부분일 뿐인 더 광범위한 커먼즈 등 그 규모와 대상, 운영 형태, 역동성이 다 달라 비교 분석하기도 복잡하다. 생산 목적과 시장과의 관계 또한 커먼즈와 관련하여 고려해야 할 요소다. 국내 소비용인지 세계 시장 수출용인지에 따라서도 달라진다. 목재의 예를 들어보면, 국내 소비용이라도 국민 전체가 이용하는 장작과 관련한 문제인지, 아니면 원시림에서 수렵채집으로 살아가는 원주민들의 생산과 관련한 문제인지에 따라 다르다. 또한 커먼즈는 무에서 시작되지 않는다. 그것은 시간에 따라 진화하는 생태계의 공적 관리방식과 사적 관리방식의 끊임없는 상호작용 속에서 생겨나고 발전한다.

또한 커머너들의 유형도 다양하다. 한편으로는 프리소프트웨어 생산자들처럼 가장 널리 모든 코드가 전파되도록 하는 지식의 보편적 접근을 원하는 이들이 있다. 다른 한편으로는 공동체 구성원들이나 '그들이 신뢰하는' 사람들과 조상의 파종 노하우를 나누고자 하는 원주민공동체들이 있다.

하지만 커먼즈를 둘러싼 다양성, 복합성, 그리고 긴장관계가 있다고 해서 커먼즈가 가지는 의미가 약화되지는 않는다. 오히려 그것들로 인하여 커먼즈는 풍성해진다. 그리고 커먼즈는 공적인 영역과 사적인 영역이라는 이분법에 사로잡히지 않는다. 커먼즈는 다양한 차원에서 만들어지고 관리되기 때문에 각자의 현실에 맞게 뿌리내리는 것이 좋다.

/ 권리, 커머닝, 커먼즈의 돌봄

서구 근대화와 자본주의의 원천에는 두 가지 근본적인 신화를 발견할 수 있다. 하나는 홉스가 《리바이어던*Leviathan*》에서 정의한 국가의 무한한 주권이며, 다른 하나는 존 로크가 배타적인 사적 소유와 (국민) 전체의 번영을 연계한 소유권 제도이다. 세르주 구트위스와 이사벨 스텐저스*는 카프라와 마테이**에 이어 이러한 이론을 발전시켰다. 또한 그들은 소유권과 국가권력은 끊임없이 진화하며, 국가 또한 결국 재산소유자일 뿐이므로 사적 소유권을 보호하기 위해 국가가 가진 모든 특권을 포기하는 역

---

* 구트위스(Gutwirth)와 스텐저스(Stengers)는 2016년에 환경법학지에 '커먼즈 부활의 시험대에 놓인 법(Le droit à l'épreuve de la résurgence des commons)'이라는 글을 발표한 바 있다. ―옮긴이.

** 카프라(Ugo Capra)와 마테이(Fritjorf Mattei)는 2015년에 《법의 생태론: 자연과 공동체와 음율을 맞춘 법제도를 향하여 *The ecology of law: Toward a legal system in tune with nature and community*》를 공동으로 발간했다. ―옮긴이.

사적인 단계에 이르렀다고 이야기한다. 그래서 국가의 주권과 사적 소유의 주권 사이에서 이와는 다른 논리에 근거하여 권리와 의무를 규정하기 때문에 커먼즈의 설 자리가 없다는 것이다.

오스트롬의 경우 커먼즈를 이용자에 따라 소외, 경영, 배제, 선취, 접근 등 각각 다른 권리로 구분할 수 있기에 커먼즈는 여러 권리의 묶음이라고 주장한다.

번즈 웨스턴과 데이비드 볼리어는 커먼즈와 관련한 다양한 유형의 권리를 단순 묘사하는 것을 넘어 '공동의 것으로 만들기make common' 혹은 커먼즈의 도래와 발전을 위해 행동함을 뜻하는 '커머닝commoning'의 중요성을 강조함으로써 한 걸음 더 나아간다.

커머닝 개념은 각각 다른 성격을 가진 커먼즈들을 동일한 논리에 기초하여 이해할 수 있게 해준다. 예컨대 이용권에는 접근권, 선취권, 배제권 등이 포함되어 있는데 이런 것으로는 16세기나 18세기 과거 영국의 목초지나 숲에 관한 커먼즈의 실상에 대해 알려줄 수 있지만 현재의 지식커먼즈를 설명하기란 어렵다. 왜냐하면 지식커먼즈는 접근권은 있으나 이용자 간의 경쟁이 없으므로 배제권은 없기 때문이다.

반면 커머닝 개념은 사적 소유와 국가 및 그 제도하에 있는 것들을 제외한 여러 공동운영 사례를 설명하는 데 적합한 개념이다. 그리고 커머닝은 협동과 호혜의 문화에 근거한다. 카프라와 마테이는 법에 대한 '뽑아먹기식 실천'과 '생성적 실천generative practices'을 구분함으로써 혁신적인 접근법을 발전시켰다. 현행 법체계에서 전문가들은 법과 판례의 요소를 뽑아내어 교묘하게 법망을 빠져나가는 데 이용한다. 하지만 생성적인 커머닝 권리는 커먼즈에 대한 제도가 발전될 수 있도록 새로운 실천과 건설적이고 상상력이 풍부한 새로운 논리에 근거한다.

생성하는 권리인 커머닝을 통하여 우리는 모든 커먼즈에 동일하게 작동하는 개념을 접하게 되었다. 이로써 우리는 모든 커먼즈를 아우르는 하나의 원칙, 즉 커먼즈는 '돌봄caring(돌보는 활동)'이라는 원칙을 도출할 수 있게 되었다. 오스트롬은 여러 사례를 통하여 커먼즈가 지속할 수 있는 방법이 무엇인지 보여주었다. 그 방법은 사회 규범과 제도적 조율을 통하여 지역의 주체들이 자원을 운영하는 것이다. 커먼즈에 관한 여러 사례를 살펴보면 각각이 다르기는 하지만 이해당사자 공동체가 직접 운영하고 공동체가 돌볼 때만이 커먼즈의 지속성이 보장될 수 있음을 알 수 있다. 만약 소농들이 그들이 뿌릴 씨를 선별하는 일과 동물의 유전적 다양성을 위한 교배를 중단한다면 몬산토 같은 다국적기업이나 프랑스의 국립농학연구소INRA 같은 준공공기관에 의해 지배당할 것이다. 그리고 만약 수백만 명의 위키피디아 저자들이 더 이상 글을 올리지 않거나 새로운 항목을 만들지 않는다면 전 세계에서 가장 큰 백과사전은 사라지거나 민간기업이나 공공기관으로 인수될 것이다. 만약 어떤 마을의 주민들이 더는 공동체의 숲에 나무를 베러 가지 않는다면 자치단체가 목재의 일부를 민간기업에 팔 것이고, 그 기업은 땔감을 만들어 시장에 내다 팔 것이다.

/ 커먼즈와 기본권

19세기에 사회주의와 공산주의 이론이 등장하면서 임금노동자들에게 해방을 안겨줄 수 있는 협동조합과 노동자생산결사체가 그들의 가장 커다란 열망이 되었다. 이 결사체들은 양도할 수 없고, 분할할 수 없는 공동 자본에 기초하여 설립되었는데, 이들의 실천은 봉건시대 농민들의 공유지에서 유래한 것이다. 왜냐하면 농민들의 공유지는 '양도할 수 없는 집단 소유와 생산 활동에 참여할 수 있는 이용 권한의 분리'라는 원칙에 의해 운영되었기 때문이다. 또한 노동자들이 경영하는 공제조합과 상호구호회들은 협동조합의 보완역할을 하면서 질병을 얻거나 고령인 구성원들에게 연대적 서비스를 제공했다.

이후 19세기 말과 20세기 초에는 새로운 비전이 등장하여 집단소유는 국가(중앙정부와 지방정부)가 핵심 역할을 하는 공적 소유를 뜻하게 되었다. 집단소유가 노동자들의 공동소유에서 국가소유로 그 의미가 변한 까닭을 이해하기 위해서는 다음과 같은 두 가지 요소가 작용했다는 사실을 알아야 한다.

• 19세기 말, 두 번째 산업혁명으로 완전히 새로운 세상이 되었고, 독일에서 탄생한 대기업 모델의 출현으로 철도와 전기, 전화 등 기술 네트워크의 발전이 이루어졌다. 이로써 첫 번째 세계화 시대가 마감되었고, 세상은 거대 권력으로 분할된다. 이러한 상황에서 사민

주의와 공산주의 운동은 계획경제 국가 모델에 의거하여 대기업이 했던 거대 산업과 기술 네트워크를 발전시키는 역할을 계속하는 새로운 사회주의의 전망을 발전시키게 되었다.

• 같은 시대에 민중의 열망과 근대 산업의 필요가 맞아떨어져서 의무교육제도와 더불어 독일에서부터 질병, 산업재해, 퇴직을 보호하는 사회보장제도가 발전하게 되었다. 그리하여 프랑스 혁명 이후 제정된 '인간과 시민 인권선언'에 명시된 민주적 권리에 한정되지 않고 적극적 권리로서 사회경제적 권리를 포함하는 보편적 권리(교육권, 주거권 등)라는 개념이 생기게 되었다. 이러한 권리는 이후 1948년에 국제연합의 세계인권선언으로 인정되었다.

이러한 맥락에서 봉건시대의 계승자인 19세기의 커먼즈나 노동자생산협동조합들은 주변으로 밀려나게 되었다. 대기업과 국가 계획은 진보와 효율성을 충족시키는 반면, 커먼즈와 노동자생산협동조합들은 이런 기준에 부합하지 않을 뿐 아니라 보편적 권리로서의 사회권을 구성하기도 미흡했기 때문이다.

커먼즈가 다시 다른세계화 운동을 비롯한 사회운동 진영과 학계에서 논의의 중심이 되기까지는 이로부터 약 한 세기가 지나야 했다. 이렇게 시간이 많이 걸린 데는 여러 가지 이유가 있다. 우선 국가경제가 아주 부정적인 실적을 거두었고, 20세기 초에 생각했던 진보에 대한 믿음이 흔들리기 시작했으며, 생태계의 파괴와 복구될 가능성이 없다는 우려가 커졌고,

땅과 공기와 물과 같은 생명에 필요한 요소가 위협을 받게 되었고, 1980년
대부터 확산된 민영화에 대한 반발이 확산되었기 때문이다. 여기에 더하
여 지식커먼즈와, 오늘날 인간의 활동 때문에 위협을 받고 있는 대양, 대
기, 기후 등 자연재 같은 새로운 범주의 커먼즈가 등장했기 때문이다.

이 새로운 커먼즈들이 등장함에 따라 그와 관련한 보편적 권리에 대
한 정의도 함께 발전했다. 그 권리들은 디지털 시대에 지식(정보)접근권
과 자연커먼즈에 대한 제3세대, 제4세대 '기본권' 같은 것들이다. 그러니
까 제1세대 기본권인 시민권과 정치권 이후 제2세대 기본권인 경제권과
사회권이 발전했고, 이제 '건강하고 환경적 균형을 갖춘 조건에서 살 권
리'와 같은 일반권들이 정의되기 시작한 것이다. 프랑스의 경우 2005년
공화국 헌법 제정 당시 이러한 부분이 포함되었다. 이뿐 아니라 더 넓게
는 인간의 권리가 아닌 지구행성 전체와 같은 자연의 권리가 볼리비아의
제안으로 국제연합에서 '어머니지구 세계권리선언Universal declaration of
the rights of Mother Earth'이 옹호되기도 했다*. 이렇듯 커먼즈와 기본권이
연계되면 집단적 소유에 대한 사고를 확장할 수 있다. 그리하여 정보나
지식, 물과 자연과 같은 것들이 시장의 법칙 아니면 국가 관리라는 대립
구도를 벗어나 기본권으로서 새로운 소유 방식을 모색할 수 있도록 해준
다. 이런 측면에서 커먼즈와 기본권의 연계는 커먼즈에게 새로운 도약의
기회를 제공했다고 할 수 있다.

---

* http://www.worldfuturefund.org/Projects/Indicators/motherearthbolivia.html

/ 커먼즈와 민주주의

역사적인 견지에서 볼 때, 커먼즈 영역을 수호하고 확장함으로써 얻을 수 있는 이점은, 직접 민주주의와 실질적인 사회적 소유를 실천하는 데 용이한 틀을 제공한다는 것이다. 이러한 것은 한순간의 투쟁이나 혁명의 경험으로는 얻을 수 없다. 또한 참여민주주의와 의원 소환제도의 도입, 투표권의 확장을 통하여 정치제도에 권력을 위임하는 대의제에서 발생하는 문제를 바로잡을 수 있을 것이다. 하지만 그것을 실행하는 것은 무척 어렵고, 브라질의 포르투알레그레에서 찾아낸 참여민주주의와 같은 혁신적인 정치제도를 지속시키기는 더더욱 어려운 일이다. 커먼즈는 권력구조를 변화시킨다고 만들어질 수 있는 것이 아니다. 커먼즈는 잘 돌보고 직접 참여해야 하는 것이기에 실천적인 사회주의를 건설하는 방법이 된다. 여기서 사회주의란 공산주의, 정치생태주의, 생태사회주의 등을 총칭하는 표현이다. 그런 면에서 커먼즈는 오언과 푸리에 등 사회적 실천(교육, 협동조합, 남성·여성의 관계, 공동체적 삶 등)을 해방의 중심에 두었던 19세기 사회주의 전통과도 연결되며, 1960년와 1970년대에 발흥했던 저항운동의 열망과도 조우한다.

앞서 보았듯 지식커먼즈와 자연커먼즈는 새로운 기본권을 생각할 수 있게 해주고, 어떤 경우에는 공적 영역을 거치지 않고서도 그 권리를 실행할 수 있게 해준다. 인터넷이 좋은 예가 될 수 있다. 1990년대에 프랑스의 AOL 같은 민간기업들과 미니텔Minitel 같은 공공서비스는 일반 대중들에게 새로운 지식기반 통신수단을 제공했다. 우리가 잘 알고 있듯이 인터넷은 이 초기의 성과를 뛰어넘어 전 세계로 확산되었으며, 많은 이들이 인터넷 접근권을 기본권으로 간주해야 한다고 주장하고 있다. 이미 1980년대부터 엔지니어들과 대학생들로 이루어진 공동체 덕분에 인터넷이 개발되었으며, 이들은 무료 공개 베이스에 기초한 무료 소프트웨어 프로그램으로 인터넷 네트워크를 구축했다. 이 공동체는 모두에게 개방된 창의적이고 국제적인 경영 모델을 도입했다. 인터넷을 인류를 위한 커먼즈로 규정할 수 있는 것은 국가가 아닌 자주적으로 운영되는 기술공동체에 의해 관리된다는 점 때문이다. 하지만 또 그로 인하여 많은 갈등과 논쟁이 벌어지기도 한다. 그 양상은 두 가지로 드러난다. 하나는 지적소유권의 보호나 테러리즘 및 아동 성폭력에 대한 투쟁을 명분으로 국가 관리를 강화함으로써 인터넷을 통제하고자 하는 의지이며, 다른 하나는 국가들 간의 공동 시스템을 구축하여 이 시스템이 인터넷 운영을 책임지도록 하자는 주장이다. 이러한 문제 때문에 전 세계적으로 다양한 지역에서 무료공개 인터넷 시스템을 지키기 위한 투쟁이 벌어지고 있다. 해적당과 같은 정당의 출현이나 '무상문화를 위한 학생들Studenst for a Free Culture'과 같은 새로운 사회운동이 등장한 것도 이 때문이다. 특히 무상문화를 위한 학생들의 운동은 2007년과 2010년 사이, 미국 사회에 많은 영향을 끼쳤다.

민주주의와 사회적 실천을 통한 집단소유, 공공 영역에 의해 관리되지 않는 기본권의 발흥과 수호라는 두 축은 사회의 전환을 실현하고자 하는 좌파의 중심 개입전략이 될 수 있을 것이다. 왜냐하면 이 두 축은 우리 사회에서 분출하고 있는 새로운 열망과 운동에 대처할 수 있게 해주며, 무엇보다도 국가 조직의 강화와 구별되는 다른 사회주의를 향한 걸음을 진일보하게 해줄 것이기 때문이다. 이는 두 가지 방식으로 진행될 수 있다. 첫째는 자유를 제한하지 않고, 커먼즈를 발전시킬 수 있는 법과 규율을 만드는 것이다. 생산협동조합, 공동구매협동조합, 집단 목초지, 공동체 숲 등과 같은 '구식' 커먼즈와 지식과 자연 같은 '신식' 커먼즈를 포함, 모두가 참여하여 집단적 소유를 가능하게 하는 모든 것들을 발전시키는 것이다. 이를 위해 반드시 필요한 것이 나눔과 타인에 대한 관심에 기초한 새로운 가치체계를 전파하는 일이다. 이러한 참여활동을 가능하게 하려면 어떤 가치체계에 기반하여 어떤 식으로 이를 촉진해야 할지 분석할 수 있는 방법을 개발해야 할 것이다. 예컨대 농업커먼즈와 생산협동조합의 생산을 유지하고 향상시킬 수 있는 촉진 방안, 프리소프트웨어 공동체들의 주고 받고 되돌려주는 증여체계, 자연커먼즈에 대한 관심을 가질 수 있도록 공동의 가치에 기반하여 이루어지는 개인적·사회적 실천의 확산 등이 있다.

/ 커먼즈의 하이브리드(혼종) 형태와 경로

이 장의 목표는 커먼즈의 핵심을 이루는 사회관계는 자본주의 논리에 반대되면서 동시에 공공부문이나 국가의 운영논리와도 다르다는 점을 보여주는 것이다. 각각의 논리와 특성을 이해하기 위하여 자본주의, 공공부문, 커먼즈 세 가지 방식의 접근법을 구분해서 살펴볼 수는 있지만 현실은 더 복잡하게 얽혀 있고 혼합된 경우가 허다하다.

무엇보다도 현실에서 커먼즈가 혼종화되는 이유는 근대적 국가와 자본주의의 발달이 연결되어 있다는 점이다. 자본주의를 생각하지 않고 근대적 국가의 발전을 생각할 수 없고, 반대로 근대적 국가가 없었다면 자본주의는 발전하기 어려웠을 것이다. 이 둘 간의 상호의존성은 경영방식과 노동 조직, 그리고 연구, 교육, 혁신, 사회보장제도, 시장의 운영 등 많은 분야에서 제도가 구축되는 데 서로 영향을 주고받게 된다.

커먼즈 또한 이러한 환경의 영향을 피할 수 없기에 어떤 경로를 통해 혼종되었는지 정리해볼 필요가 있을 것이다.

첫 번째 경로는 협동조합이나 공제조합이 거대한 자본주의 그룹과 유사한 조직으로 전환된 것이다. 농업협동조합과 공제조합은행 두 부문이 이러한 변화의 첨단을 걸었다. 오늘날 농업협동조합은 유럽, 북미, 호주, 뉴질랜드 등 모든 나라에서 거대화 경쟁을 벌이고 있다. 미국에서는 총 매출이 1,400억 달러에 이르고, 프랑스에서는 먹거리 부문의 40%를 차지하고 총 매출은 600억 유로에 이른다. 이러한 수치는 농업협동조합이 공장식 농업이나 다국적기업과 유사한 경영방식으로 운영됨을 말해준다. 은행부문에서도 동일한 경향을 볼 수 있다. 또한 대부분의 공제조합은행의 경우 일반은행과의 차이가 점점 좁혀지고 있다. 이렇게 된 데에는 세 가지 요소가 작용했다. 첫째, 신자유주의적 세계화로 인하여 협동조합들 간 합병이 이루어지고, 협동조합에도 국제 경쟁력 강화에 적합한 경영방식을 채택하도록 압박이 가해졌기 때문이다. 둘째, 협동조합 조직이 '기층 단위' 협동조합인들과 거리가 멀어졌으며, 기층 단위 조합원들이 소속 협동조합을 '돌보는' 일에 소홀해진 탓이다. 셋째, 협동조합과 공제조합 은행의 실무책임자들이 과도하게 자율성을 가지면서 기층 단위의 조합원들과 거리를 두고 있으며, 다국적 자본의 세계로 통합되는 데 박차를 가하고 있기 때문이다.

두 번째 경로는 협력경제collaborative economy의 핵심이 디지털비즈니스의 통제하에 들어가게 된 것이다. 순환경제circular economy*와 협력경제는 이 장에서 소개한 사회적경제와는 다른 개념이지만 나눔과 재활용, 생산자와 소비자 간의 직거래를 위한 활동에 참여하는 점 등을 보았을 때 넓은 의미에서는 사회적경제와 동일한 경향성을 갖는다고 할 수 있다. 디지털은 이러한 경제를 실천할 수 있는 수단을 제공하여 커먼즈의 주요 분야가 되었으며, 나눔과 직거래 방식으로 사회적 관계를 형성하는 데 기여하고 있다. 하지만 디지털 영역은 넓은 망을 가진 강력한 플레이어들이 네트워크 효과를 이용하여 그 영역을 독점할 수 있는 장이라는 문제도 있다. 페이스북이나 트위터 같은 소셜 네트워크 서비스SNS, 구글

---

* 순환경제는 녹색경제, 이용경제, 또는 실용경제, 성과경제나 산업생태학 개념의 영감을 받았으며 지속가능한 발전을 추구한다. 이 경제의 목적은 재화와 서비스의 생산과정에서 재생가능하지 않은 에너지 자원과 원자재의 소비와 낭비를 최소화하는 것이다.—옮긴이

의 클라우드상에서 공동작업을 하도록 하는 것, 우버나 에어비엔비와 같은 협력 플랫폼 등이 그러한 예에 해당한다.

이렇듯 디지털의 사유화 경향에 맞서 이에 대응하고자 하는 방법도 생겨나게 되었다. 하나는 이 플랫폼을 위해 일하는 사람들에게 다른 노동자들이 누리는 사회적 권리를 제공하는 것이다. 예컨대 미국에서는 우버택시를 위해 일하는 노동자들에게 노동자의 지위를 부여하고, 그 지위에 따른 사회보장제도의 혜택을 제공해준 사례가 있다. 다른 하나는 프리소프트웨어 운동이다. 이는 커먼즈 공동체들의 실천활동으로, 디지털 경제 분야의 거대 기업들에 대응하기 위하여 자유로운 대안을 개발함으로써 이윤을 추구하지 않는 교환의 문화에 기초하여 진정한 협력 플랫폼을 만드는 것이다.

세 번째 경로는 공공서비스 부문과 제도 및 거대 기업의 관리 영역에서 생기고 발전하는 커먼즈이다. 오래 전부터 학교 운영에 학부모의 참여가 이루어졌다면 1980년대 에이즈 전염병의 확산으로 보건서비스 분야에서 환자들이 참여하기 시작했다. 오늘날에는 디지털 도구의 발전으로 환자들 간의 직접적인 교류가 확대되었고, 치료 및 약품 접근권에 대해 압력을 행사할 수 있게 되었다. 디지털 도구는 또한 정부기관 및 일반 기업들과 시민들 사이의 관계를 형성하는 데 도움을 준다. 이 두 부문은 블로그나 웹사이트를 통하여 시민들에게 필요한 정보를 제공한다.

/ 결론을 대신하여 : 향후 계속되어야 할 토론거리

이 글에서 말하고 싶은 요지는 커먼즈 수호이다. 그러나 커먼즈를 어떻게 지킬 것인가 하는 문제와 이와 관련된 여러 질문들을 충분히 검토해야 답을 찾을 수 있을 것이다. 많은 논의가 이루어져야 하는 가장 중요한 질문은 커먼즈의 관리양식에 관한 것이다. 이 글에서 우리는 커먼즈를 돌본다는 것은 커먼즈를 만드는 데 참여하고 운영에 결합하는 것이라고 했다. 커먼즈의 유형만큼이나 '돌보는' 방식이 다양하겠지만 인터넷이나 위키피디아와 같이 규모가 큰 커먼즈의 운영은 아주 흥미로운 측면이 있다. 왜냐하면 이러한 류의 커먼즈 운영은 '분노한 사람들Indignados'이나 '점거운동Occupy'과 같이 가장 최근에 일어난 사회운동의 작동방식과 유사하기 때문이다. 이 운동은 세 가지 원칙에 기초한다. 원하는 사람들 누구나 참여하고, 의사결정이 전원합의제로 이루어지며, 결정된 사항은 가능한 한 가장 기초 단위의 먼 지역까지 이르도록 한다. 하지만 이러한 작동방식은 많은 문제를 불러일으키기도 한다. 특히 투명성 문제가 제기되고, 그 과정에서 정치적 토론이 희석되기도 하기 때문이다. 하지만 이러한 과정을 통해 우리는 우리 시대의 핵심적인 문제에 대해 다시 생각하게 된다. '무엇이 참된 민주주의인가? 그것을 구성하는 요소는 무엇인가? 어떻게 참된 민주주의를 강화하여 정당이나 국가권력자들에 의해 왜곡되지 않고 분리 통치되지 않을 수 있을 것인가?'

두 번째 질문은 국가와의 관계를 어떻게 설정할 것인가에 대한 전략에 관한 것이다. 커먼즈의 관점에서 볼 때 국가와 관련하여 어떤 변화가 이루어져야 할까? 국가를 커먼즈로 만드는 것이 가능할까? 아니면 반대로 국가와 거리를 두면서 커먼즈를 민주적 삶에 꼭 필요한 대체권력으로 만들 것인가? 특히 이는 남미와 같이 국가가 커먼즈의 존재와 발전 가능성을 제한할 수 있는 규제와 법적 수단을 확대함으로써 통제와 권력의 영역을 확장시키고자 하는 곳에서는 아주 중요한 질문이다.

이 두 가지 말고도 토론해볼 만한 질문들이 많이 있다. 대충 추려보아도 지식커먼즈와 관련된 무상無償의 문제, 사회프로젝트와 관련한 문제('능력에 따라, 필요에 따라!' 각자 기여할 수 있도록 하는 사회), 커먼즈의 개발에 참여하는 사람들과 사회 전환의 주체의 문제, 더 이상 사용되지 않으면 사라지고 마는 노하우와 이것들을 커먼즈로 만드는 방식의 문제, 지구커먼즈로 성찰하게 된 인간과 비인간적인 것의 관계 문제, 그리고 인간중심주의를 지양한 커먼즈를 개발할 수 있는 가능성에 관한 문제 등을 들 수 있다. 이러한 질문들은 21세기에는 우리 사회와 지구 전체를 돌보아야 한다는 필요성에 대해 전반적인 인식을 조성해야 함을 일깨운다.

- 엘리사벳 페레도 벨트란 -

생태여성주의
Ecofeminism

가부장제와 생태위기에 도전하는 여성운동

***

생태여성주의는 비판이론이자 철학이며 세상에 대한 해석이다. 생태여성주의는 근대화로 탄생한 정치 이론이자 실천인 생태와 여성주의를 하나의 관점으로 통일시킨다. 이로부터 생태여성주의는 사회와 신체, 자연에 해를 가하는 무분별한 자연 개발과 가부장제에 대해 집중 비판함으로써 현재의 폭력과 지배 체제를 설명하고 해석하고자 한다.

생태여성주의는 지난 세기의 정치 이론과 사회 투쟁의 성과를 통해 도출된 다양한 제안을 검토하여 사상적 토대를 형성하였다. 그리하여 사람과 자연의 관계가 지배와 피지배 관계로 구축된 점에 대한 저항과 가부장제가 여성에게 강요하는 전일적이고 폭력적인 지배관계에 대한 저항이라는 두 가지 저항의 물결이 만나게 되었다.

다른 한편, 생태여성주의는 인간과 자연이 상호의존하는 관계임을 인정하는 것으로부터 사회가 변화할 수 있다고 믿는다. 왜냐하면 인간은 상호의존적이면서 생태의존적이고, 우리 모두는 생존을 위해 도움과 관심이 필요하기 때문이다. 그리고 우리 인생이 살 만한 가치를 가지려면 그 도움은 자비로워야 할 것이다. 마찬가지로 자연도 자연의 한계와 생명의 순환체계를 고려하여 소중히 여겨지고 존중되어야 한다. 그리하여 생태여성주의는 다음의 두 가지 원칙에 근거하여 사회를 전환할 것을 제안한다. 하나는 삶의 물질적 토대와 그 영속성을 중시하는 것이고, 다른 하나는 인류의 생존과 생태계의 균형에 필요한 활동을 없애고 저평가하고 약탈하는 자본주의 지배체제에 반대한다는 것이다. 생태여성주의는 자본주의 사회, 가부장제, 그리고 세상을 인간과 자연, 선과 악, 문명과 야만, 합리성과 감수성 등으로 서열화하고 반대되는 두 짝으로 나누는 사고방식이 가지는 문제점을 파악할 수 있도록 한다. 좀 더 심각한 문제는 이렇게 이분법적이고 단순화시키는 사고가 삶과 문화, 그리고 가치체계에까지 광범위하게 퍼져 있다는 점이다. 그 결과 이 세상은 문화와 자연, 과학과 전통지식, 남자와 여자, 남성 노동과 여성 노동 등으로 나뉘게 되었다.

"이러한 이원론은 셀리아 아모로스가 '겹침overlaps'이라고 이름붙인 현상을 만들었다. 문화와 자연, 남성성과 여성성은 겹침의 기본적인 예다. 예컨대 문화의 의미를 '자연을 극복하는 것'으로 사고하게 되어 문화가 자연의 지배와 착취를 정당화하는 이데올로기로 활용된다. 이와 더불어 이성, 독립, 정신 등은 남성성을 상징하는 것으로 인식되고 자연 상태보다 더 높은 단계에 이른 것으로 여겨져 남성에 의한 세상의 지배를 정당화하는데 활용된다. 반면, 여성은 몸이나 감정과 자연으로 이루어진 불안정한 세상에 존재하는 사람으로 밀려난다."(Herrero, Pascula, 2015)

다양한 생태여성주의 이론들은 생각의 차이는 있지만 여성의 억압과 자연의 무분별한 개발이 같은 맥락에서 이루어진다는 지점에 동의한다.

또한 생태여성주의는 이론적, 정치적 제안을 넘어 무엇보다도 사회운동으로서의 정체성을 가진다. 그러하기에 하나의 생태여성주의가 있는 것이 아니라 여러 생태여성주의가 있고, 그 입장 또한 다양하다. 하지만 그 다양성에도 불구하고 저항의 현장과 대화 및 토론의 장에서 만나 커다란 하나의 생태여성주의 운동을 형성하고 있다.

결론적으로 생태여성주의는 실천적인 투쟁과 경험, 여성주의 운동을 비롯하여 다양한 철학적 전통을 가지는 이론을 수용함으로써 풍부해지는 과정이라고 볼 수 있다. 따라서 생태여성주의는 본질주의essentialism와 구성주의constructivism, 영성, 진보에 대해 물음을 던지며 크게 북부국가 생태여성주의의 역사와 남부국가 생태여성주의의 역사로 구분해 볼 수 있다.

/ 생태여성주의의 근원

생태운동은 지난 세기의 산업사회와 생산주의가 지구에 미치는 영향을 자각하면서 시작되었다. 그리고 생태와 우리 지구의 한계에 대한 성찰의 대부분은 1950년대와 60년대 이후 여성에 의해 이루어졌다고 해도 과언이 아니다. 그리고 이 시기보다 훨씬 이전에 삶의 균형 파괴, 산업 시대의 영향, 핵에너지 및 전쟁의 폭력에 맞서 앞장서서 저항한 이들도 여성이다.

생태운동에서 가장 주요한 인물은 미국의 해양생물학자인 레이첼 카슨이다. 그녀는 2차 세계대전 당시 군인들의 살충제 사용을 고발했다. 이를 계기로 살충제가 농업에 상용화되었으며, 생태계가 오염되고, 인간과 다른 종種의 건강이 악화되는 결과가 빚어졌기 때문이다. 그녀의 책《침묵의 봄Silent Spring》(에코리브르, 2002)은 진보와 기업형 농업의 개념을 비판하는 데 가장 통찰력 있는 식견을 제공했다. 이 책에서 레이첼 카슨은 인간이 자연을 지배하는 관계를 거부한다는 생태철학의 초석을 놓았다.

> "우리는 아직도 정복자의 언어를 사용하고 있다. 우리는 아직도 우리 자신이 믿을 수 없으리만큼 광대한 우주의 티끌 같은 존재라는 것을 생각할 만큼 성숙되지 못했다. 이제 인간은 자연을 변형시키고 파괴할 만큼 치명적인 힘을 가졌다는 이유만으로도 오늘날 자연을 대하는 인간의 태도는 지극히 중요한 문제가 되었다. 그런데 인간은 자연의 한 부분이기에 자연에 맞선 인간의 전쟁은 곧 인간 자신에 맞선 전쟁이 될 수밖에 없다."(Carson, 1964년 4월)

'성장의 한계The Limits to Growth'에 대한 매도즈 보고서Meadows Report는 로마클럽을 위해 작성된 것으로, 도넬라 메도즈가 상당 부분 기여했다. 과학자이자 언론인인 그녀는 다른 과학자들과 함께 이 보고서의 작성을 이끌었다. 그들은 모두 한목소리로 무한경제성장의 원칙에 문제를 제기하며 개발의 불가침성을 콕 집어 비판했다. 이 보고서는 오늘날까지도 여러 생태주의 및 체제비판적 저술에 영향을 미치고 있다. 특히 보고서에서는 21세기를 조망하며 자원의 소비, 부의 분배, 인구 성장과 공해 등에 대해 심도 깊은 분석이 이루어졌기에 인류가 산업주의가 아닌 다른 길을 갈 수 있도록 이끈 가장 아름다운 시도 중 하나라고 여겨진다. 도넬라 메도즈는 전통적, 기계주의적, 단순논리적 과학 사고 체계를 비판하며 복합적인 사고를 하는 참된 선구자였다.

> "우리가 만약 빈곤과 공해 및 전쟁 등 이 세상의 거대한 문제들을 해결하기 위해 체제의 재건에 크게 기여하고자 한다면, 첫 번째 단계로 해야 할 일은 '다르게 생각하기'이다."(Donella Meadows, 1972, The Global Citizen, Island Press, Washington, 1991)

여성주의는 지난 세기의 가장 중요한 사회 저항 세력 중 하나이다. 그 저항은 철학, 가부장제에 대한 비판, 가부장제가 성의 사회적 구성에 미치는 영향, 여성의 전통적 역할의 정착 등과 같은 프리즘을 통하여 여성 참정권운동 시대의 여성주의를 복원했던 시몬 드 보부아르의 사상으로부터 많은 것을 배웠다.

> "우리는 여성으로 태어나는 것이 아니라 여성이 되어간다. 어떤 생물학적, 심리적, 경제적 운명도 사회 안에서 여성이라는 존재의 껍질을 결정하지 않는다. 여성적이라고 묘사된, 남성과 거세된 남자 사이의

중간적 존재를 만든 것은 문명 전체이다."(Simone de Beauvoir,《제2의
성》)

그렇지만 가장 먼저 생태와 여성주의의 관계를 이론화한 사람은 보
부아르와 동시대 사람인 프랑스 여성주의자 프랑수아즈 오본느이다. 그
녀는 1974년에 발간한 저서《여성주의냐 죽음이냐 Le Féminisme ou la
mort》에서 처음으로 생태여성주의라는 용어를 썼다. 그녀는 인류가 여
성주의냐 죽음이냐의 사이에서 선택을 해야 하는 기로에 처해있기 때문
에 생태여성주의가 이 딜레마에서 벗어날 수 있도록 해준다고 생각했다.
왜냐하면 자연재가 파괴되고 지속가능하지 않은 성장에 직면한 지구에
서 여성주의운동은 우리의 삶을 지키기 위한 사회 변화를 가능하게 하는
역량을 가지고 있기 때문이다. 오본느는 "만약 남성중심사회가 지속된
다면 인류의 내일은 없다" 라고 말한다.

"지금까지 여성주의 투쟁은 인류의 절반에게 가해진 잘못을 알리는
데 한정되어 있었다. 그러나 이제 여성주의와 더불어 인류 전체가 움
직여야 한다는 것을 보여줄 때가 왔다. (…) 여성주의는 여성을 해방
함으로써 인류 전체를 해방한다. 여성주의는 보편주의에 가장 근접
한 사상이다. 여성주의는 생명에서 비롯된 가치의 토대가 되므로 여
성주의 싸움과 생태 싸움은 일치할 수밖에 없다."(《여성주의냐 죽음이
냐》, Eaubonne)

그녀는 또한 자본주의가 가부장제에 권력을 부여하는 체제라면 사회주의 또한 그로부터 자유롭지 않다고 말했다. 그녀는 지구의 파괴와 지배 체제의 기원은 가부장제와 자연을 종속시키는 사회관계에 있다는 성찰에서 출발한다. 그래서 여성과 자연은 결합해야 한다고 말한다. 그녀는 또한 성정체성이 고착화되지 않도록 하면서도 어떻게 자연과 여성의 관계를 사고할 것인지 질문을 던지면서 여성주의에 관한 논의를 확산시켰다. 그녀는 여성의 시간의 수용收用, 출산에 있어서 자기 몸의 결정권을 가져야 할 필요성에 대해 가장 먼저 주장한 사람이다.

프랑수아즈 오본느는 비록 시몬 드 보부아르와 동시대인이지만 여성과 자연의 유사성을 확신했고, 그것이 가치 있는 실천임을 밝히는 데 주력했다. 왜냐하면 그녀는 그 실천이 인류 전체에게 절체절명의 문제라고 판단했기 때문이다. 이러한 입장을 가지며 오본느는 근대화 과정이 자연과 여성을 재생산과 성장의 질서에 종속시킴으로써 자연과 여성을 착취하는 과정이었다고 비판했다. 그래서 오본느는 출생률을 통제하고 여성이 자신의 신체와 삶을 스스로 결정할 가능성을 강화하기 위해서 세계평화운동이 필요하다고 생각했다.

20세기 초에는 많은 여성들이 초기 생태여성주의의 기본적인 사상이 형성되는 데 기여했다. 또한 문화와 자연, 정신과 신체, 남성과 여성 등 서구 사상이 만든 서열화와 단절성을 비판하는 데도 기여했다. 이를 통하여 그녀들은 그동안 무시되어왔던 여성과 자연이라는 두 용어를 복원하는 계기를 만들었다. 생태여성주의는 특히 북미에서 수천 명의 여성운동 및 여성운동과 가까운 운동에 영감을 제공했다.

/ 생태여성주의의 경향성

야요 에레로(스페인의 행동하는 생태주의자)에 따르면 생태여성주의는 크게 두 가지 경향성을 가지고 발전한다고 한다. 하나는 본질주의적 생태여성주의로서, 이 사상은 여성의 존재와 자연을 결합하고 자연의 보호는 여성의 정체성에 내재한다는 결론을 내린다. 예컨대 페트라 켈리에 따르면 여성은 새로운 생명을 탄생시키는 능력이 있기 때문에 새로운 체제를 만들기 위해 구체제에 도전하는 능력을 갖추고 있다고 한다. 다른 하나는 구성주의적 생태여성주의로, 본질주의적 생태여성주의에서 주장하는 것과는 달리 "여성과 자연의 가까운 관계는 사회적으로 형성된 것이며, 이에 따라 역할분담이 생겨 가부장적 사회에서 노동의 성별 분화와 권력 및 재산의 분배가 생기게 되었다"는 이론을 제기한다(Herrero, 2015).

야요 에레로는 생태여성주의의 발전 과정을 다음과 같이 구분한다.

- 본질주의적 생태여성주의 : 여성과 자연의 복종을 비판하며, 지구를 구하는 대안으로서의 여성이 될 것을 요구하자고 제안
- 남부국가의 생태여성주의 : 가부장제와 불량개발maldevelopment을

비판하며 여성을 생명존중의 전달자로 간주

- 구성주의적 생태여성주의: 여성과 자연의 관계는 사회적으로 형성
된 것이며, 자본주의적 가부장제 사회를 지탱하고 있는 노동의 성
별 분화와 연결되어 있다고 판단

이렇듯 서로 다른 프리즘을 통하여 생태여성주의는 발전하고 서로를 풍부하게 만들었다. 그리하여 끊임없이 진화하는 다양한 사상과 정치 행동의 흐름을 만들어내었다. 하지만 다양한 조류를 관통하는 핵심은 인간과 자연의 상호의존적 관계를 체제의 관점에서 다룬다는 점이다.

위에서 언급한 사상들은 초기 여성주의의 경향이지만 1970년대와 1980년대 연구자들의 작업의 토대가 되었다. 또한 이 연구자들의 작업은 '가부장제의 구축과정'과 '자연에 대한 지배'가 가지는 연관성에 대한 이론을 발전시켰다. 이들은 가부장제와 여성성 폄하 사이의 연관성에 대해 심오한 분석 작업을 진행했다. 그리하여 인류학자 셰리 오트너는 "여성 집단은 그동안 가치가 없다고 여겨진 보육이나 요리 같은 기능을 담당한다는 이유로 저평가되었다"고 주장했다(Ortner, Puelo 인용, 2009). 또한 오스트리아계 미국인 리안 아이슬러는 인류학과 역사의 분석을 활용하여 1987년에 발표한 책에서, 가부장제가 여성에게서 권력을 빼앗아 갔으며, 약탈적인 위계사회에서 여성과 자연을 하등한 지위로 제도화하면서 여성과 남성, 인간과 자연이라는 '이중 잣대'를 강요했다고 설명했다(Eisler, 1987).

생태여성주의는 사회운동과 생태운동의 역사에서 아주 오랜 전통을 가진다. 그런데 1970년대에는 남부국가에서 다른 이력을 가진 생태여성주의 운동이 탄생했다. 이 운동은 삶을 수호하기 위한 여성들의 조상이 벌였던 투쟁을 계승한 것이다. 이중 가장 상징적 것은 인도 히말라야 지역에서 유래한 칩코Chipko 운동이다. 이 운동은 1970년대 인도에서 수십만 그루의 나무를 베어 쓰러뜨리는 벌목정책에 대항하여 시작되었다. 히말라야 여성들은 그들의 고유한 역사를 재발견하고 그들의 조상이 했던 것처럼 나무를 끌어안고 둘러싸며 이 정책에 저항했다.

이렇게 함으로써 여성들은 300년도 더 지난 낡은 저항운동에 새로운 기운을 불어넣었다. 1730년, 비슈노이Bishnoi 종교 공동체의 한 여성인 암리타 데비는 나무를 베어 쓰러뜨리는 데 반대하여 그녀의 딸들과 함께 목숨을 잃었다. 350명도 더 되는 주민들은 그녀를 따라 해당 지역에서 벌목이 금지될 때까지 나무를 베어 쓰러뜨리는 것을 막아냈다. 이와 같은 전통적인 방식의 투쟁은 1974년 힌두 여성 가우라 데비가 지역 당국이 베려고 했던 알라크난다 강 근처에 있는 2,500그루의 나무를 보호하기 위하여 마을 여성들을 모으면서 다시 수면 위로 떠올랐다. 마을 여성들은 벌목을 중지시키는 데 성공했고, 우타르 프라데시 주정부가 10년간 유예명령을 내리도록 함으로써 지역에 있는 다른 벌목도 금지시켰다. 히말라야 삼림지역을 지켜낸 이러한 방식(나무 끌어안기)의 행동은 삼림벌목에 대항하는 평화운동의 상징이 되어 전 세계에 널리 소개되었다. 이 운동은 대안노벨상Right Livelihood Award을 수상했고, 연민과 전통 지혜, 비폭력의 메시지와 함께 전 세계로 퍼져나갔다.

이 운동은 남부국가 생태여성주의의 가장 상징적인 대표자인 반다나 시바에게 영감을 주었다.

> "자연을 거스르는 폭력은 지배적 개발 모델의 속성으로, 자신과 자신의 가족 및 사회를 먹여 살리기 위해 자연에 의존하는 여성에 대한 폭력을 동반한다."(Shiva, 1988)

남부국가의 저항 경험에서 태어난 이 생태여성주의는 여성과 자연의 관계를 부각시키며 개발과 과학이라는 남성중심의 두 가지 토대를 비판한다. 또한 대부분 여성이 이끄는 생명존중투쟁이 중심 역할을 해야 한다고 주장한다. 이 생태여성주의는 제국주의에 대한 분석을 통하여 자본주의의 발전이 자연재의 파괴 과정이었음을 알려준다. 그리하여 남부국가의 생태여성주의는 자연을 약탈하고 파괴하는, 제3세계에 강요된 서구의 경제 모델을 불량개발이라고 규정한다.

인도의 반다나 시바와 독일의 마리아 미즈는 1980년대와 1990년대에 자본주의 지배체제의 논리가 가부장제의 시각을 따르고 있음을 밝히며 생태여성주의의 이론과 입장을 정립했다. 반다나 시바에 따르면 다음과 같다.

> "15세기와 17세기 유럽의 과학혁명은 가부장적 과학 발전의 기원이

된다. 유럽의 과학혁명은 자연을 '어머니의 땅'에서 '기계와 원자재'로 바뀌게 했다. 이러한 변형을 통하여 자연을 가혹하게 다루고 착취하는 것을 막는 모든 윤리적, 인식론적 장애물이 제거된 것이다. 산업혁명은 경제를 (…) 이익 극대화를 목적으로 하는 재화의 생산과정으로 만들었다."(Shiva, 1988)

반다나 시바는 여성을 생명존중의 담지자로 여기고, 서구의 불량개발이 여성 및 원주민들의 지혜와 자연과 부를 약탈하는 주된 원인이라고 생각한다.

"불량개발은 생각과 행동에서도 불량하다. 분절적이고, 단순화시키며, 이원론에 기초한 불량개발의 관점은 현실에서 인간과 자연 간의 조화뿐 아니라 남성과 여성의 조화도 깨뜨린다. 또한 여성성과 남성성의 협동체를 부수고, 자연과 여성으로부터 남성을 분리시켜 자연과 여성의 상위에 두며, 남성에게서 여성적 요소를 없애버린다. 이로 인하여 자연에 가해지는 폭력은 생태위기로 드러나고, 여성에게 가해지는 폭력은 복종과 착취로 드러난다. 이 두 가지 폭력 모두 여성적 요소의 노예화로 탄생된 것이다."(Shiva, 1995)

다른 한편, 이 운동은 사실상 '파괴 지표'일 뿐인 근대사회를 지배하는 '성장 지표'를 비판한다. 이른바 본질주의적이라 불리는 이 여성주의는 생명 존중과 생명의 영속성은 여성이 자연과의 관계 속에서 가지는 자질이라고 결론짓는다. 왜냐하면 여성은 생명을 잉태하는 존재이기 때문이다. 마리아 미즈는 "여성은 만물을 자라게 한다"고 한다.

> "• 여성은 자신 및 자연과의 상호작용, 그리고 외부환경과의 상호작용 속에서 호혜적인 과정을 형성한다. 여성은 자신의 몸과 자연이 같은 방식으로 생산력을 가진다는 것을 이해하고 있다.
> • 비록 여성이 자연을 취하더라도 그 방식은 전혀 지배관계나 소유관계가 아니다. 여성은 '자라도록 하고, 자라게 하기 위하여' 자신의 몸이나 땅과도 협동한다.
> • 새로운 생명의 생산자로서 여성은 또한 사회관계 및 사회와 역사를 생산하고 창조하면서 1차 생산 경제의 생계 수단의 1차 생산자가 된다."(Mies, Shiva 인용, 1988)"

/ 기독교 생태여성주의와 영성

생태여성주의는 또한 영성에 대해 질문한다. 남미의 생태여성주의가 바로 그러한 경우다. 남미의 생태여성주의의 일부는 남미 각국의 외곽에 거주하는 빈곤층 및 원주민공동체들과 함께 일하는 진보적 종교인들의 성찰에 뿌리를 둔다. 이들은 과거 식민지 약탈의 희생자이며, 지역과 강과 숲을 수호하기 위한 투쟁의 요람이며, 빈곤과 소외에 대한 투쟁의 요람이기도 하다. 남미의 기독교 생태여성주의는 여성, 폭력, 빈곤이 뒤섞인 이 구체적인 삶의 현장에서 탄생했다.

브라질의 이본 게바라는 그 창시자 중 한 명이다. 해방신학에 가까운 이 신학자는 신체와 성, 낙태와 가사 노동, 여성을 복종과 빈곤에 묶어두는 지배 메커니즘에 관심을 기울이지 않는 신학에 문제를 제기하기 시작했다.

기독교 생태여성주의 운동은 특히 여성과 여성의 신체에 가해지는 말도 안 되는 불의를 조사하기 위한 프로젝트를 기획했다. 왜냐하면 기독교단이 이 말도 안 되는 현실을 수용하고 있었으며, 심지어 해방신학에서조차 그 문제를 다루지 않았기 때문이다.

"내게 있어 여성주의는 마치 만남, 인식, 서민계층 여성과의 만남, 삶의 불편함, 배움과도 같았다. 나는 바로 그러한 것들에 대해 말을 하기 시작했고 여성주의 신학자가 되었다. 만약 내가 변했다면 그건 어떤 결의에 찬 여성이나 운동 때문이 아니다. 그것은 신문, 책, 기사, 그리고 마을에서의 일상적인 삶, 타인의 일상에 대한 관찰 등으로 형성된 자각 때문이다."(Gebara, 2000)

그녀는 여성성의 특성을 돌봄과 재생산으로 정의하며, 지배 이데올로기(전통적 신학의 틀을 포함)가 '창조주 하느님과 우리 모두를 위해 고통

받은 그의 유일한 아들이라는 도식'에 기초한 남성중심적 영성관과 억압을 강화하는 데 반대했다. 이러한 관점은 여성에게 희생의 세계관을 받아들이도록 한다. 왜냐하면 그래야 사회에 기여함으로써 원죄를 용서받을 수 있다고 여겨지기에 희생의 논리가 정당화되기 때문이다.

남미에서 도미타 충가라와 토지주거운동과 같은 사회 투쟁의 여성 아이콘들은 사회를 변화시키기 위해 여성의 참여와 투쟁이 필요하다는 데 뜻을 같이 한다. 이들은 종교적 억압과 대지주제가 근거하고 있는 토대를 비판한다. 왜냐하면 이런 것들이 여성의 역할과 빈곤을 고착시키기 때문이다.

> "우리가 자연에 대해 가지는 생각을 바꾸어야 한다. 여성의 헌신은 당연한 것이 아니다. 그들에게도 생각하고, 행동하고, 앞장서고, 남성들과 다른 말을 하고, 그 자체로 인정받을 수 있는 권리가 있음을 인정해야 한다. 우리는 사회에서의 관계에 대해 다시 생각해보아야 한다. 이를 위해서는 신학교육부터 다시 생각해 보아야 한다. 왜냐하면 그 중 일부는 전혀 현실과 맞지 않기 때문이다. 신학교육은 '전지전능하신 아버지, 하늘과 땅의 창조주'로서 신의 이미지를 중심으로 형성된 중세의 신학 중심 사회에서만 유효했을 뿐이다."(Ivone Guebara, Hugo José Suárez와의 인터뷰, 2011)

이 신학 생태여성주의는 교회 내에서 무수히 많은 반향을 불러일으켰고, 교단은 여성주의에 동의하여 기독교 교리를 비판하는 교인들과 여성 신학자들의 반항을 가장 보수적인 기독교 교리의 이름으로 맹렬히 비판 했다.

/ 생태여성주의와 채굴주의:나의 몸, 나의 영토

지구의 다른 부분과 마찬가지로 남미에서도 광산과 석유 채굴, 산림 벌목, 집약농업과 탄화수소 물질 채취 등 자연자원의 무분별한 개발 때 문에 생태문제와 관련한 갈등이 생겼고, 이를 기화로 보다 더 광범위한 운동이 탄생했다. 이 운동은 영토를 수호하고, 여성의 삶에 미치는 폭력 을 규탄해야 한다고 강력히 주장하는 여성운동에 속한다.

> "채굴주의에 반대하는 현재의 투쟁에서, 돌봄의 문화를 계승한 여성
> 의 가치를 높이 평가하는 언어는 잠재적으로 급진적인 커먼즈의 윤
> 리를 표출하는 경향이 있다. 이 윤리는 다른 논리와 합리성에 기초
> 하여 사회관계를 구상하고, 생태의존성을 인정하고 사회의 재생산
> 노동에 커다란 가치를 부여하면서 자본주의를 비판한다."(Svampa,
> 2013)

이 운동의 대표격인 베르타 카세레스는 골드먼 환경상*을 수상한, 온두라스의 활동가이다. 그녀는 대형 댐 건설을 추진한 다국적기업을 위해 일하는 살인청부업자에 의해 살해되었다. 또는 막시마 아쿠냐는 광산채굴에 반대하여 페루의 안데스 지역의 석호瀉湖를 보호하는 활동가였는데 이 활동 때문에 극심한 고문을 당했다. 이 둘은 남미의 생태여성주의가 이끈 강력한 저항 공동체의 대표적인 인물이다.

이러한 부류의 생태여성주의는 본질주의와 구성주의가 상반된 입장이 아니라고 주장한다. 왜냐하면 환경파괴와 채굴주의는 여성의 일상에 영향을 미치고, 한편으로는 여성의 노동 분담을 가중시키고(물 길러가기, 가족 먹여 살리기, 자신과 가족의 건강 돌보기와 같이 일상의 가사노동으로 더욱 여성을 착취), 다른 한편으로는 여성을 남성우월주의의 폭력과 노예무역, 매춘, 그리고 여성 살인에 노출되게 함으로써 여성을 더욱 취약한 존재로 만들기 때문이다.

이 운동은 본질주의를 넘어 자연과 다른 관계를 모색하면서 체제의 경제적, 정치적 토대를 비판한다.

"생태여성주의자들은 조직된 여성 집단으로서 약탈적인 세계 자본주의의 비정한 체제에 맞서 저항하고 투쟁한다. 이들은 윤리적이고

---

* 골드먼 환경상은 1990년 캘리포니아의 자선사업가 리처드 골드먼(Richard Goldman)과 그의 아내 로다 골드먼(Rhoda Goldman)이 창설한 것으로 매년 환경을 보호한 이들에게 수여된다. 부상으로 환경보호자 개인당 125,000달러를 수여한다.—옮긴이

정치적인 가치에 기반하여 채굴주의 금융소득 모델에서 부엔 비비르Buen Vivir(비비르 비엔)와 지구의 권리를 보호하는 사회로 전환되어야 한다고 생각한다. 이러한 생각에서 출발하여 생태여성주의자들은 '광산 동력 프로그램Motor Minero'과 베네수엘라 정부가 구상하는 '오리노코 광산 아치Mining Arch of Orinoco'로 불리는 대형 광산 채굴 프로젝트가 초래할 수 있는 위험에 경종을 울리기 위해 상황을 분석하고 그에 맞선 가장 효과적인 논거를 제시한다. (…) 원주민 여성들과 여성 메스티소들mestiza은 희생자의 지위를 뛰어넘었다. 그들 스스로의 경험을 통하여 여성들은 자신의 처지를 인식하고 분명한 관점을 가지게 되었다. 그리고 자연과 자연자원이 파괴되면 삶의 질도 떨어진다는 것도 알게 되었다. 그들 중 다수는 지속적인 성차별과 억압에 용기 있게 맞섰고, 목숨을 걸고 투사가 되었다. 그들의 투쟁은 베르타 카세레스와 막시마 아쿠나와 같은 인물이 보여주었던 것처럼 다른 방식의 사회관계와, 자연 및 사람들과 다른 관계 모델을 세우는 것을 목표로 한다."(오리노코 광산개발에 반대하는 생태여성주의 기자회견문, 페루, 2014)

이 여성들의 네트워크와 공동체는 토론을 활성화하고 그들의 영토를 수호하기 위하여 급진적인 운동노선을 표방한다. 이들은 전 세계 도처에서 생기고 있으며, 서로 조율하고 관계를 창조해나가며 서로 연대한다. 이 여성들은 탄압과 때로는 죽음까지 불사하며 정치활동을 하고 있다.

특히 '나의 몸, 나의 영토'라는 여성주의 슬로건이 탄생한 남미의 경우 그러하다. 이들은 남성우월주의적이고 폭력적인 권력, 최근 10여 년간 심해지는 약탈, 일부 진보적이라 자처하는 정부와의 공모 속에서 이루어지는 약탈적인 자본주의의 발전에 맞서고 있다.

/ 생태여성주의, 사회 계층, 인종의 교차지점

본질주의적 생태여성주의를 극복하기 위한 다양한 노력도 이루어졌다. 인도의 사상가 비나 아가왈이나 호주 철학자 발 플럼우드는 생태여성주의를 분석하는 데 있어 '여성은 사회관계와 자연과의 상호관계를 통해 각별한 생태적 자각을 시작하게 된다'는 점이 핵심이라고 논평했다. 아가왈은 반다나 시바를 비롯한 본질주의적 생태여성주의 대표주자들의 입장에 동의하지 않는다. 그러한 입장과는 반대로 생태여성주의가 여성의 구체적인 경험(노동, 영토, 생산 관계 등)으로부터 만들어진다고 생각한다.

안젤라 데이비스와 같은 여성주의자들은 여성의 정체성과 그들이 가지는 해방의 잠재력을 여성적 본성과 같은 본질에서 비롯된 것이라 생각할 수 없다고 주장한다. 그녀는 사회 계층, 성과 인종, 출신지역, 연령대와 같은 요소를 교차하여 분석할 필요가 있다고 한다. 이들은 야요 에레로의 구성주의적 입장에서 출발하여, 노동의 성적 분화와 권력 및 재산의 분배가 여성을 복종하게 만드는 것이라고 주장한다. 마르타 파스쿠알은 이렇게 이야기한다.

> "(생태여성주의는) 여성성이라는 내면화된 것을 찬양하는 것이 아니며, 문화적인 존재로서 여성을 인정하지 않고 다시 재생산의 영역에 가두는 것이 아니다. 또한 (마치 여성이 별로 할 일이 없다는 듯이) 자본주의에 맞선 투쟁이나 지구에서의 생명 구조와 같은 어마어마한 과제를 여성에게 부여하자는 것도 아니다. 생태여성주의는 여성이 복종할 수밖에 없는 현실을 알리고, 체제의 비도덕적인 논리를 고발하며, 책임을 강조하고, 우리 경제체제의 소유 질서를 뒤집고, 생존에 필요한 모든 일에 남성과 여성이 공동책임을 지게 하자는 것이다."(Pascual, 2010)

발 플럼우드는 생태여성주의가 남성중심적 합리성을 비판하면서 현실과 사회관계의 이중성을 해석하고자 하는 철학적, 이론적, 실천적 결과물이라고 주장한다. 구성주의 생태여성주의자들과 마찬가지로 그녀는 앞서 말한 서열화된 이분법을 뛰어넘어야 한다고 제안한다. 이를 위해서는 가부장적 논리를 해체하고, 합리성과 윤리성에 기반하여 공감, 신체, 상호의존성, 지구와의 관계 등을 회복하여 이러한 것들이 토대가 되어 새로운 문명이 탄생할 수 있도록 해야 한다고 주장한다.

/ 여성주의 경제학의 기여

최근 20여 년 동안의 생태여성주의는 노동과 삶의 지속가능성에 대한 연구에서 출발한 여성주의 경제학의 성찰과 성과를 받아들이고 여성주의 경제학과 상호작용을 하면서 발전해왔다. 여성주의 경제학은 20세기 후반부터 가정에서의 노동과 가사노동자들의 문제 및 경제와의 관계에 대해 분석해왔다. 이들의 연구에 힘입어 21세기의 생태여성주의 프로젝트는 성큼 발전할 수 있는 계기를 맞게 되었다.

여성주의 경제학은 계층화된 사회에서 무급 가사노동과 유급 가사노동을 연구의 출발점으로 두며, 이러한 노동이 우리의 경제적, 사회적 삶에 너무나도 중요하지만 현실에서는 얼마나 외면되고 있는지 강조한다. 또한 이들은 노동과 노동의 가치를 생태여성주의에 도입하여 현재의 체제가 지속가능하지 않다는 점을 보여준다. 왜냐하면 현 체제는 생명과 사회의 재생산에 필요한 노동을 완전히 무시하지만 실은 이러한 노동은 인류의 생존에 꼭 필요한 것이기 때문이다.

여성주의 경제학은 인간중심적 경제와 자본주의 체제가 교환가치를 생산하는 시장 영역만을 중시하고 삶의 재생산을 고민하지 않는다는 점을 비판한다.

"각 사회가 어떻게 삶의 지속가능성을 해결하는지 집중해서 살펴보면 새로운 시각으로 사회 조직을 볼 수 있게 된다. 그리고 그 사회 조

직의 한 부분은 음지에 있고 이름조차 없다는 사실을 발견하게 될 것
이라는데 의심의 여지가 없다"(Carrasco, 2003)

이러한 성찰과 여성주의 경제학 이론은 삶의 재생산에 필요한 노동을
인정하지도 드러내지도 않는 사회가 문제라는 것을 깨닫게 해준다. 물
론 어떤 돌봄노동 체계를 건설할 것인가에 관해서는 미묘한 차이가 존재
한다. 어떤 이들은 탈성장의 토대 위에 사회가 복구되고 전환되어야 한
다고 권한다. 왜냐하면 탈성장이 자본주의 문명이 잉태한 자연의 한계를
뛰어넘으려는 욕망을 제지할 것이라고 생각하기 때문이다. 스페인의 야
요 에레로가 이끄는 조직의 경우 탈성장 사회를 창조하기 위하여 에너지
및 사회 전환을 통하여 사회 복구와 사회 전환의 포문을 열고자 한다. 또
어떤 이들은 공공정책과 돌봄노동을 가시화할 수 있는 지표 개발에 집중
하기도 한다. 돌봄노동 지표가 개발된다면 돈과 자연의 약탈이라는 논리
에 기초하여 인간의 경제활동을 평가하게 하는 금융자본의 힘을 무너뜨
릴 수 있을 것이라고 보기 때문이다.

/ 생태여성주의의 도전

생태여성주의의 발전은 많은 논쟁과 성찰을 불러일으킨다. 생태여성
주의는 시스템의 차원에서 사회를 전환하고자 한다. 이들의 목적은 단지

여성과 남성의 관계가 공정하기를 원하거나 그러한 공공정책이 만들어지기를 바라는 것이 아니다. 이 운동을 통해 이루고자 하는 바는 인간의 관계를 성별 억압 관계로 만드는 경제적, 철학적, 관계적 구조의 토대를 공격함으로써 현 체제를 종식하는 것이다.

본질주의와 구성주의적 생태여성주의와 관련된 다른 논쟁도 있다. 이 두 경향이 실제 상반되는지, 아니면 둘 다 동일한 변화의 과정을 상정하지만 각기 다른 단계를 강조하는지 살펴볼 필요가 있다.

구성주의적 생태여성주의는 "여성과 자연의 밀접한 관계는 역사적, 사회적으로 형성된 것이다. 그 과정에서 남성과 여성의 역할이 부여되어 가부장 사회 내 성별 노동 분화와 권력 및 재산의 분배가 이루어진다"고 주장한다. 즉, 여성과 자연의 밀접한 관계는 성별 노동 분화 및 권력 관계의 발전 속에서 만들어진 역사적 산물이며, 이것은 사회의 경제적 생산 시스템과 얽혀 있다는 것이다.

본질주의적 생태여성주의는 출산과 그에 따른 역할이라는 여성의 존재 혹은 여성의 본질적인 자질로서 자연을 돌보는 능력에 기반하여 생태여성주의를 풀이한다. 이 여성주의는 인간과 자연의 관계에서 여성이 자연의 보호자로서의 정체성을 가진다는 자연주의적 자질에 근거하여 여성주의를 사고한다.

하지만 이 두 여성주의 경향은 가부장제, 식민주의, 자본주의를 거부한다는 데 공통점이 있다.

본질주의자로 간주되는 반다나 시바의 생태여성주의는 금융 시스템과 자연의 약탈과 가부장제의 구조적 관계를 파악하는 데 크게 기여한 이론 중 하나다. 남미의 생태여성주의는 채굴주의와 성폭력에 맞선 투쟁에서 탄생한 몸-영토 개념을 앞세운다. 이 생태여성주의는 그 구조적 토대를 비판하고 거부하면서 체제 자체의 토대를 문제 삼는다. 구성주의 생태여성주의는 사회 전환에 대한 그들의 이론과 구체적인 경험을 통해 생태여성주의의 중요한 초석을 다졌다고 할 수 있다. 이들의 경험은 다른 상황에서도 적용되어 저항과 투쟁을 통해 만나고 한 방향으로 수렴된다.

스밤파의 경우 어떻게 보면 본질주의의 관점을 강화하면서 가부장제와 자본주의 체제의 붕괴를 피하는 듯 보이기도 한다. 그녀는 "생태여성주의는 사회적 필요가 무엇인지 달리 볼 수 있는 새로운 관점을 제공한다. 그 관점은 결핍이나 비참함을 강조하는 모습이 아니라 돌봄의 문화를 보존하고자 한다. 그리고 호혜와 협동, 상호보완성과 같은 가치에 힘입어 생태적으로나 사회적으로나 지속가능한 사회를 사고하는 데 필요한 영감을 준다."라고 주장한다(Svampa, 2013)

또 다른 토론과 성찰과 대화의 주제는 '생태여성주의가 생태·사회적 전환, 부엔 비비르, 그리고 탈성장과 어떤 관계를 가지는가' 하는 문제이다. 탈성장 프로젝트는 최근에 생긴 것이 아니라 오래 전부터 있어온 자본주의 산업과 '현실 사회주의'에 대한 문제제기다. 다시 말하면, 2차 세계대전 후 가속화된, 지속가능하지 않은 개발의 문제를 제기하는 것이다. 이 운동은 1960년대와 70년대에 발전하기 시작했다. 정치생태학과 여성주의 경제학에서 시작한 많은 생태여성주의자들은 탈성장을 인류 미래에 피할 수 없는 지평이라 생각한다. 야요 에레로는 우리가 점진적으로 에너지 전환, 자원의 합리적이고 지속가능한 사용, 더 이상 남아 있지 않고 고갈되는 것에 대한 포기, 이 세 가지를 실현하는 쪽으로 방향을 틀어야 한다고 이야기한다. 만약 그러한 전환을 꾀하지 않는다면 우리는 권위주의, 심지어 파시즘을 맞이할 것이고, 그러한 체제를 겪어야 할 것이라고 경고한다. 그렇게 된다면 누구를 비난하겠는가? 사회는 명백히 집단 자살로 치닫고 있다. 왜냐하면 사회는 환경파괴와 석유자원에 의존하는 과소비로 인해 기후 위기를 목전에 두고 있으면서 어떤 정의로운 대책도 취하지 않고 있으니 말이다!

여성주의 경제학과 사회 전환에 대한 성찰에서 나온 생태여성주의가 소개하는 구체적인 경험은 진정 놀라운 문명사적 가치를 가진다. 이런 점에서 그 경험은 사회조직에 대해 완전히 다른 시각을 가지도록 한다. 그리고 그 경험은 현재의 사회가 지속 불가능함을 보여준다. 생태여성주의의 경험은 신자유주의의 독단을 받아들이기보다는 돌봄과 자연과의 조화와 연대의 노동이 사회를 키우는 진정한 초석이 될 수 있다는 믿음을 준다. 그렇게 건설한 사회는 삶을 돌보는 사회, '살 만한 가치가 있는 삶'을 돌보는 사회가 되어야 할 것이다.

현재 생태여성주의가 직면해야 할 도전은 작은 단위에서 고립되어 이루어진 경험들을 바탕으로 어떻게 사회, 에너지, 경제, 문화 차원의 전환이 이루어질 수 있는지 방법을 알려주는 것이다. 이와 더불어 사회와 지구의 생명재생산 능력을 갉아먹는 자본주의를 무너뜨리기 위한 제안도 준비해야 한다는 것이다.

정치적, 경제적 조건이 다른 모든 상황에 일률적으로 적용할 수 있는 전략을 만들어내기는 녹록치 않다. 왜냐하면 공공서비스가 그다지 축소되지 않은 북부 선진국에서 생태여성주의자가 된다는 것과, 식민주의의 잔재가 남아 있고, 사회적 혼란과 서비스의 결핍과 빈곤과 고삐 풀린 채굴주의와 권위주의적 제도가 사회전환의 전략을 방해할 수 있는 가난한 사회 및 개발도상국가에서 생태여성주의자가 된다는 것은 완전 다른 경험이기 때문이다. 따라서 공공정책이라는 단순한 틀을 벗어나 자연을 복원하고 연대적 사회관계를 강화하기 위해 무엇을 시도해야 하는지 고려하여 전략을 구상해야 할 것이다.

/ 삶을 끌어안기 위하여

여성주의와 생태의 만남은 새로운 시너지 효과를 창출한다. 그리하여 오래된 억압체제인 가부장제, 식민주의, 그리고 자연의 파괴를 불러온 숨 막히는 자본주의의 현실을 벗어나게 해준다. 우리 시대를 특징짓는 폭력과 파괴는 자연과 인류를 경시하고 무시하는 경제 시스템의 산물이다. 이것은 전대미문의 약탈의 악순환에 빠져 우리의 문명이 야만의 희생자로 끝날 수도 있다고 경고한다.

이미 오래 전에 무한 경제성장은 영원히 계속될 수 없다고 비판한 이들이 있었다. 그리고 인류에게 강요된 개발 신화는 실현될 수 없다는 주장이 타당하다는 것도 인정해야 할 것이다. 하지만 발전주의의 상상력과 무한 축적과 남성중심주의는 기술과 정치권력과 돈이라면 뭐든 다 해결할 수 있다는 믿음을 유포해왔다. 이뿐 아니라 그것들은 이 체제가 유지될 수 있도록 문화적 토대로서의 역할을 충실히 해왔다. '지속가능한 개발'은 눈 가리고 아웅 식의 정책이 되어 땅과 생태계 파괴가 심해졌으며, 여성의 몸과 시간은 여전히 예속되어 있고, 일부 놀고먹는 부자들을 위해 다수의 국민이 희생되고, 지구상의 가장 풍요로운 지역들이 단지 상품처럼 거래될 뿐이다.

지속가능한 개발의 신화가 참담한 결과를 초래한 까닭을 살펴보면, 그 원인의 하나는 지속가능한 개발이 '우리'라는 개념, 즉 인간과 자연이 맺는 관계와 상호의존성을 그 개념에 포함시키지 않았기 때문일 것이다. 지속가능한 개발에서는 약탈의 구조적 토대에 자연만이 아니라 여성의 억압 문제도 있다는 점에 대해 한 번도 생각해보지 않았을 것이다. 그로 인하여 자연과 인간은 마치 고립된 두 개체처럼 분리되어 존재하고, 그리하여 약탈이 지배 모델로서 강요되는 것이다. 하지만 변화를 이루려면 사람의 신체를 아우르고, 자연에 대한 새로운 인식체계와 윤리를 구상해야 할 것이다. 그렇게 되었을 때 우리는 모든 형태의 생명과 지혜와 문화를 창조하고 재창조하는 데 필요한 태도와 더불어 소속감, 공감, 관계, 시간에 대한 인간의 인식에 온전한 의미를 다시 부여할 수 있을 것이다. 인간의 공존을 위한 새로운 패러다임과 새로운 문명의 모델은 '복구하고 고치자'가 되어야 할 것이다. 치유하고 돌보고 아래로부터 저항하는 데 적합한 여성적 에너지를 분출하게 하려면 기억과 망각이 어우러지는 새로운 길로 접어듦으로써 '지속가능한 개발'의 신화에서 벗어나야 한다.

전 세계에 걸쳐 수천 명의 여성이 목소리를 내고 있고, 새로운 길을 내기 위하여 앞장서고 있다. 그 길은 삶을 보호하고 돌보기 위한 길이다. 어떤 이들은 그 길에서 죽음을 맞이하기도 했고, 베르타 카세레스나 미라발 수녀처럼 자본의 하수인들에 의해 암살을 당하기도 했으나 그들의 힘은 살아남았다. 평등하고, 서로 사랑하고 공감하며, 지구를 보호하고 치유하며 인간을 품는 자연을 회복하자는 이상은 더욱더 사활이 걸린 문제가 되었다.

- 파블로 솔론 -

어머니 지구의 권리
The Rights of Mother Earth

인간과 자연이 평등한 지구공동체를 위하여

***

어머니지구의 권리는 지금 지배적인 인간중심 패러다임을 버리고 새로운 지구 사회를 상상하라는 요청이다. 인간중심주의는 인간이 만물의 중심이고, 지구에 있는 다른 모든 존재나 요소들보다 우월하다는 사고이다. 인류는 의식, 가치 그리고 도덕을 가지고 있는 유일한 존재이며, 인간과 자연은 두 개의 분리된 범주다. 이러한 인간중심 패러다임에서, 자연은 대체로 인간 사회의 존속과 발전을 위해서 존재한다. 자본주의, 생산주의 그리고 채굴주의는 우리 시대를 지배해온 이러한 인간중심주의의 관점에 깊이 뿌리내리고 있다. 이 관점에서 보면 모든 것은 파헤쳐지고, 가공되고, 상품화되고, 통제되며, 기술의 진보를 통해 '수리'되어야 하는 것이다.

어머니지구의 권리는 이러한 관점에 도전하며 대안 사회를 건설하기 위해서는 인간중심주의를 극복하고 자연과 우리 사이의 관계를 변화시켜야 한다는 주장이다. 여기서 '권리'라는 용어는 이 제안이 본질적으로 규범적이거나 법률적인 특성을 지니고 있을 것이라는 인상을 준다. 하지만 이 글을 읽다 보면 어머니지구의 권리는 자연을 고려하는 새로운 법적 틀을 마련하는 것 이상의 의미를 지니고 있음을 알게 될 것이다.

어머니지구의 권리, 또는 자연을 지자체나 국가, 국제 제도의 법률적 질서에 포함시키는 것은 매우 중요한 한 걸음이지만, 이는 인간중심주의를 극복하기 위한 첫걸음일 뿐이다. 어머니지구의 권리를 제안함으로써 이루고자 하는 최종 목표는 지구공동체, 즉 인간과 자연이 하나의 전체가 되는 사회를 건설하는 것이다.

자연의 권리와 어머니지구의 권리에 대한 인정이 2008년과 2010년의 에콰도르와 볼리비아로 거슬러 올라간다는 점은 이러한 제안이 남아메리카 안데스 지역에서만 나온 것이라는 인상을 준다. 하지만 사실은 좀 더 복잡하며 실제로 어머니지구의 권리는 세계의 여러 다른 지역에서 발전한 다양한 흐름들이 융합된 것이다.

어머니지구의 권리를 정립하는 데 기여한 흐름을 묶어보면 크게 네 조류로 나눌 수 있다: 원주민indigenous 조류, 과학적 조류, 윤리적 조류, 법률적 조류. 각 조류는 다른 조류들과 상호작용하지만 독자적인 전망을 가지고 있으며, 대안적 비전을 형성하는 중이다.

어머니지구의 권리와 관련해 제안의 실현을 촉진하는 논쟁과 토론이 이루어지고 있다. 예를 들어, 어머니지구의 권리와 자연의 권리는 정확히 동일한 것이 아니다. 어머니지구가 전체라면, 자연은 전체의 한 부분이다. 자연의 권리는 지구 시스템에 속한 비인간적 요소들의 권리 인정을 추구한다. 어머니지구의 권리는 모두와 모든 것들의 권리라는 새로운 제도의 창설을 바라는 한 편, 지구 시스템의 각 구성요소에 따라 다른 특성이 분명히 존재하지만 우리가 인간과 자연 사이의 분리를 극복하기 시작함으로써 인간중심주의와 결별할 수 있게 된다.

이 장에서는 어머니지구의 권리를 위한 제안을 실현하는 것과 관련된 여러 측면을 살펴보고, 그것들이 에콰도르와 볼리비아에서 어떻게 제도화되었는지 그 전개과정을 알아보려 한다. 그리고 끝으로 우리 앞에 놓인 문제와 도전 몇 가지를 탐색하게 될 것이다.

/ 어머니지구의 권리를 형성하는 데 기여한 조류들

원주민 조류

어머니지구의 권리는 세계 여러 곳의 원주민들, 특히 남아메리카 안데스 지역 원주민들의 시각을 반영한다. 이러한 원주민적 시각은 자연에 대한 깊은 존중과 맥을 같이한다. 이 시각에서는 지구상의, 그리고 우주의 모든 것이 생명을 갖는다. 인간은 식물이나 동물 위에 또는 대지 위에 있는 어떤 우월한 존재가 아니다. 인간은 지구공동체를 형성하는 다른 비인간 존재들과 함께 "더불어 존재inter-be"*한다. 살아있는 존재와 그렇지 않은 존재 사이의 구분은 없다. 안데스 원주민의 시각에서, 언덕, 강, 공기, 바위, 빙하, 태양 등 모든 것은 생명을 갖는다. 모두는 파차마마 Pachamama 또는 어머니지구라는 더 큰 살아있는 유기체의 일부다. 남아메리카 안데스에서는 '전체'를 생각하지 않고는 생명을 설명할 방법이 없다. 인간은 지구공동체의 한 구성요소일 뿐이다. 인간은 지구나 다른

---

* 베트남 승려 틱낫한의 조어로 알려져 있으며, '연기적 존재' 등으로 번역된다.―옮긴이

존재들을 소유할 수 없으며, 그들의 주인이 될 수도 없다. 인간의 존재는 자연과 조화를 이루고 살아야 하며, 주기적으로 변화하고 움직이는 자연과의 조화가 깨졌을 때는 비극을 맞게 되므로 인간과 자연은 동적인 균형 상태를 이룬다.

어머니지구의 권리는 다음과 같은 원주민들의 근원적인 질문에 바탕을 두고 있다. 우리 모두가 어머니지구의 일부분이라면 왜 일부가 다른 것들보다 더 우월해야 하는가? 왜 일부 존재들이 보호와 특권을 누리고 다른 존재들은 사물의 지위로 격하되는가?

이 시각으로 보자면, 지구공동체가 번성하기 위해서는 그것의 일부인 모두가 동등한 대접과 존중을 받아야 한다. 빙하에서 숲까지, 동물에서 인간까지, 식물에서 바람까지 그리고 모든 존재들이.

비록 원주민적 조류가 서양 철학의 의미에 부합하는 '권리' 개념을 내세우며 직접적으로 '권리'를 말하고 있지는 않다. 하지만 원주민적 시각의 정수는 어머니지구 권리에 대한 전반적인 접근을 뒷받침한다. '권리'의 개념은 원주민적 맥락 바깥에서 온 구성물이다. 따라서 어머니지구의 '권리' 또는 자연의 '권리'는 법률 용어라기보다는 사회문화적 실천을 통해 드러나는 것이다.

과학적 조류

여러 지구과학자 공동체는 지구가 물리적, 화학적, 생물학적 그리고 인간적 구성요소를 갖는, 하나의 자기조절 시스템으로 움직인다는 점을 인정한다. 지구 시스템은 땅, 바다, 대기와 극점들로 구성되며 그 안에서 탄소, 수소, 질소, 인, 황 등의 자연적 순환이 이루어진다. 지구시스템과학에 관한 2001년 암스테르담 선언에서 언급되었듯이, "지구과학의 여러 요소들 사이의 상호작용과 피드백은 복잡하며 다양한 규모의 시간적, 공간적 변이를 보여준다". 미국항공우주국NASA에 따르면, 인간 생명은 지구 시스템의 한 구성요소이며 탄소, 질소, 물, 산소 등의 순환 과정에 영향을 준다.

인간 사회는 지구 시스템의 한 구성요소일 뿐 아니라 최근 몇 백 년에 들어서서는 시스템의 전면적인 변화를 일으키며 지구 시스템의 작동을 바꿔놓았다.

> "인간의 활동은 온실가스 배출과 기후변화에 더하여 여러 방식으로 지구 환경에 큰 영향을 미치고 있다. 지구의 지표, 대양, 해변과 대기에, 그리고 생물학적 다양성, 물 순환과 생물지구화학적 순환에 인간이 일으키는 변화는 자연적 변이를 넘어서 명백히 확인된다. 그것들은 범위와 영향에 있어서 자연의 거대한 힘들에 필적한다. 많은 것들이 가속화되고 있다. 지구적 변화는 현실이며 지금 일어나고 있는 것이다."(Steffen, et al., 2004)

이러한 지구적 변화는 원인과 결과라는 단순한 관계로는 이해될 수 없는 것이다. 인간이 추동한 변화들은 지구 시스템을 통해 복잡한 방식으로 작용하는 다중 효과를 불러일으킨다. 이러한 효과는 작은 지역 단위에서의 변화와 광범위한 지역의 변화와 상호작용하는 복잡한 패턴을 가지기에 이해하기 쉽지 않고 예견하기는 더욱 어렵다.

이제 인간의 활동은 지구 시스템의 작동방식을 돌이킬 수 없도록 바꾸어놓았고, 이 행성이 인간과 다른 생명에게 더욱 적대적이 되도록 할 수 있는 위험성을 갖는다. 인간이 지구 환경에 격변을 불러올 수 있다는 점은 아직 제대로 평가되지 않고 있지만, 심각한 것은 분명하다.

지구 행성은 존재한 이래 지금까지 몇 차례의 갑작스럽고 심대한 변화를 겪었다. 하지만 행성적 규모의 이런 변화들이 인간 활동에 의해 만들어져서 인간과 다른 생명들에게 더 적대적인 조건을 만들게 되는 것은 처음일 것이다.

과학자 공동체가 보기에, 지구 시스템은 최소한 지난 50만 년 동안 나타났던 자연 변이의 범위 훨씬 바깥으로 벗어났다. 지금 지구 시스템에 동시에 일어나고 있는 변화는 그 규모와 빈도에 있어 전례 없는 것이다. 현재 지구는 아날로그 방식으로 작동하지 않고 있다(IBGP, 2001).

과학적 조류에 속하는 몇몇 이론가는 한발 더 나아가서 우리가 맞닥뜨린 시스템 위기를 해결하기 위하여 일종의 윤리적 틀거리가 필요하다고 이야기한다. 2001년에 지구 환경변화에 관한 국제 인간 영역 프로그램IHDP, 국제 지구권·생물권 프로그램IGBP, 세계 기후연구 프로그램WCRP, 그리고 생물다양성 과학을 인간 차원에 통합하기 위한 국제 연구 프로그램DIVERSITAS은 지구시스템과학에 관한 암스테르담 선언을 발표했다.

> "지구적 책임global stewardship의 윤리적 틀거리와 지구 시스템 관리를
> 위한 전략이 시급히 요구된다. 인간에 의한 지구환경 변화 가속화는
> 지속가능하지 않다. 따라서 지구 시스템을 현상 추세대로business-as-
> usual 대응하는 방식은 선택지가 될 수 없다. 이는 지구 환경을 지속
> 시키면서도 사회적 및 경제적 발전 목표를 충족시키는 정교한 관리
> 전략으로 (가능한 한 빨리) 대체되어야 한다."(IBGP, 2001)

2001년에서 2005년 사이에, 95개국 1,360명의 전문가들이 국제연합
이 요청한 새천년 생태계 평가Millenium Ecosystem Assessment 에 참여했다.
이 평가의 핵심 결론 중 하나는 종과 생태계가 "고유한 가치"를 가지고
있으며, 이는 "타자에 대한 쓸모와 무관하게, 그 존재 자체로서의 가치"
라는 것이었다(Millenium Ecosystem Assessment 2005).

지구과학은 지구 시스템의 균형을 회복하기 위해 체계적인 데이터와
분석을 제공하여 이 행성에 대한 새로운 관리 시스템을 구상하고 만들어
야 한다는 과제를 제기한다. 지구 과학의 조류가 지구공동체를 보전하고
강화하기 위한 어머니지구의 권리의 토대가 되는 이유가 여기에 있다.

윤리적 조류

어머니지구의 권리가 등장하는 데 기여한 윤리적 조류는 매우 폭넓고

다양하다. 자연과의 관계에서 향상 또는 변화를 요청하는 목소리는 철학적, 종교적, 도덕적 사고에 기반을 두고 있다.

예를 들어, 아시시의 프란치스코가 한 생각이 이러한 윤리적 조류의 한 부분을 이룬다. 아시시의 프란치스코는 창조물에 대한 인간의 우위가 아닌 모든 창조물의 동등함을 옹호하면서 태양, 지구, 물 그리고 바람을 그의 형제자매라고 말했다. 오늘날 프란치스코 교황은 이러한 생각을 발전시켜서 "지구를 착취하고 그리하여 그녀가 가지고 있는 것을 우리에게 제공하지 못하도록 한 것은 우리의 죄"라고 확실히 말한다.

불교에서도 우리는 비슷한 시각을 찾아볼 수 있다. 14대 달라이 라마는 환경파괴를 비판하면서 이 행성에 대한 의무를 실현하기 위한 인간성을 요청한다.

"우리는 자연의 일부입니다. (…) 지구상의 수천 포유류 종 가운데, 우리 인간은 자연을 바꿀 수 있는 엄청난 힘을 가지고 있습니다. 그런 만큼, 우리는 이중의 책임을 갖습니다. 도덕적으로, 높은 지성을 가진 존재로서, 우리는 이 세계를 보살펴야만 합니다. 곤충 등 이 행성의 다른 존재들은 이 세계를 구하거나 보호할 수단을 갖고 있지 않습니다. 우리의 또 하나의 책임은 부적절한 인간 행동의 결과인 심각한 환경파괴를 복구하는 것입니다. 우리는 화학물질과 핵폐기물로 세계를 무분별하게 오염시켰고, 많은 지구 자원을 이기적으로 소비했습니다. 인간은 세계를 회복하고 보호하기 위한 발걸음을 시작해

야만 합니다."(Dalai Lama et al, 2001)

북미의 환경보전주의자 알도 레오폴드(1887~1948)의 사상 역시 이러한 윤리적 조류의 일부인데, 그는 "땅의 윤리land ethic"를 제시했다. 이는 "개인은 상호의존적 부분들로 이루어진 공동체의 한 성원"이라는 인식을 바탕으로 자유에 대한 제한을 스스로 부여하는 사상이다. 그의 말을 인용하자면 다음과 같다.

"땅의 윤리란 공동체의 경계를 인간에 한정짓지 않고 토양, 물, 식물과 동물, 아니 이 모든 것을 아울러 땅을 포함하는 것일 뿐이다. 땅의 윤리는 호모사피엔스의 역할을 토지와 공동체의 정복자에서 그 속의 평범한 성원이자 시민으로 바꾼다. 이는 그의 동료 성원들에 대한 존중과 동시에 그러한 공동체에 대한 존중을 함의한다."(Leopold, 1949)

2000년에 발표된 지구헌장Earth Charter은 이러한 윤리적 사고와 동일선상에 있다. 지구헌장에는 "지구의 생명력, 다양성, 그리고 아름다움의 보호는 신성한 의무"라고 되어 있으며, 이 행성의 모든 생물과 무생물 존재들을 포함하는 "삶의 특별한 공동체"를 보호하기 위하여 "보편적 책임성"을 요청한다(Boff, 2000). 또한 모든 존재에게 그 완전한 다양성 속에 지속가능한 생명을 보장하는 것에서부터, "지구의 재생산 역량을 보전하는" 대안적 생산 시스템을 채택하는 것에 이르기까지 넓은 범위의 원칙들이 담겨 있다(Boff, 2000).

이 밖에도 여러 사상가와 철학자들이 어머니지구의 권리에 대한 시각을 풍부히 하는 윤리적 조류의 형성에 기여했다.

법률적 조류

법률적 조류는 위에서 언급한 모든 요소들을 고려하면서도, 인간과 지구 사이의 관계에 근본적 전환이 필요하다는 과학적, 윤리적, 원주민적 원칙들에게 그러한 변화를 강제할 수 있는 도구가 필요하다고 판단한다. 이런 관점에서 법률적 조류는 다른 세 조류를 법적 틀 안에 위치할 수 있는 방법을 모색한다. 이 조류는 법과 거버넌스가 사회적 구성물이며, 새로운 현실에 발맞추어 시간을 두고 진화하며 변화한다는 것을 알고 있다. 그래서 법과 거버넌스가 인간의 행동을 조절하기 위한 중요한 메커니즘이지만 인간중심주의적 질서에서 벗어나기 위해서는 유연해질 필요가 있다. 경제적, 사회적 전환을 꾀하는 과정에서는 사회의 법적 틀거리에 변화가 일어난다. 우리가 지금 직면하고 있는 도전은 이러한 법적 틀거리를 기저에서 변혁하여 인간중심주의를 극복하고 지구에 다가오는 재앙을 막는 것이다.

레오폴드가 말하듯, 법적 틀거리는 암묵적으로 인류를 우주의 중심이자 끝으로 사고하고 우주는 인간의 필요와 욕망을 충족시키기 위해 존재한다고 보기 때문에 명백히 인간중심주의적이다(Leopold, 1949).

158

이러한 맥락에서, 어머니지구의 권리에 자양분을 공급한 법률적 조류는 인류를 중심에 두는 대신 지구를 한가운데에 놓는 법학을 발전시키는 경향을 보인다. 새로운 법적 그리고 제도적 틀거리는 우리에게 필요한 변화를 앞당기기 위해 과학적, 윤리적 그리고 원주민적 흐름들에 깔린 전제를 받아들인다.

오스트레일리아의 법학 교수 피터 버든(2010)에 따르면 이러하다.

> '법은 사회적 창조물이자 법적 결론이며, 법철학자 필립 앨럿이 지적하듯, '법은 사회의 생각 자체보다 더 나을 수는 없다'. 그러니 여러 측면에서 법이 지구에 대한 인간중심주의적 시각을 반영하는 것은 놀랄 일이 아니다. (…) 법은 한 사회가 스스로를 인식하고 자신의 이미지를 세계에 투사하는 방식을 대략적으로 보여준다. (…) 진화하는 사회적 제도의 하나로서 법이 이러한 점을 반영하는 방향으로 발전할 필요가 있다.

법률적 조류는 최근 지구와 그 모든 구성요소들의 복지를 가능케 하는 법적, 제도적 질서를 어떻게 다시 생각해볼 수 있을지를 묻고 있다. 우리의 법적, 규범적 틀거리는 자연이 내재적 가치를 갖는다는 사실을 어떻게 반영할 수 있을 것인가? 재앙과도 같은 지구 행성의 불균형을 방지하는 데 도움이 될 거버넌스는 어떻게 만들 수 있을 것인가?

새로운 지구법을 탐구하면서 가톨릭 수사이자 '생태신학자'인 토머스 베리(1914~2009)는 지금까지는 "인류에게 모든 권리가 부여되었다"는 점과 다른 형태의 비인간적 존재들은 권리가 없다는 점을 강조했다(Berry, 1999). 따라서 다른 모든 비인간적 구성요소들은 가치를 갖지 못하며, 그것들이 인간에게 도움이 될 때에만 고려된다는 것이다. 이러한 맥락에서, 인간이 아닌 것은 인간에 의한 착취에 전적으로 취약한 것이 되고 만다.

그렇다면 지구법을 진전시키기 위해서는 "사물의 집합"과 같은 비인간의 세계라는 관념을 넘어(Berry, 1999), 살아있는, 살아있지 않은, 인간 그리고 비인간 그 모든 것들을 아우르는 "주체들의 공동체communion"라는 견지에서 사고할 필요가 있다(Boff, 2000). 마찬가지로 인류의 필요를 충족시키기 위해 자연의 생태적 한계를 뛰어 넘는 것을 정당화하는 현재의 법체계에 문제를 제기해야 할 것이다(Leopold, 1949).

주체와 객체라는 이원론은 서구 문명의 핵심이다. 우리는 주체 그리고 '우리'와 같은 것에 모든 가치를 부여하고, 우리가 '객체'라 간주하는, 세계의 다른 측면에 대해 모든 권리를 박탈한다. 주체들은 생각하고 창조할 수 있는 반면에 나머지는 그저 자원이나 수단 또는 환경일 뿐이다.

이러한 입장에서 벗어나기 위해, 어머니지구의 권리를 뒷받침하는 법률적 조류는 우리가 법을 인식하는 방식에 대해 혁명적인 제안을 한다.

"산업적, 상업적 세계에게 자연 세계는 광범한 존재의 공동체 속에서 존재, 거주, 역할 실현의 자유 등 고유의 권리를 갖지 못한다. 하지만 자연 세계의 이러한 고유 권리들이 법적 지위를 인정받지 못한다면, 현대 산업 세계의 미래 또한 지속가능할 수 없다. 개인에 의해서든 기성 체제에 의해서든, 지구에 대한 소유와 이용의 문제는 서구 사회가 지금까지 해왔던 것보다 훨씬 근본적인 방식으로 숙고되어야 한다." (Berry, 1999)

/ 어머니지구의 권리가 제안된 과정

자연의 '권리'에 대한 제안은 20세기 중반에 북미와 유럽에서 처음 발전했으며, 알도 레오폴드와 피터 싱어, 톰 레건 그리고 제러미 벤담 같은 동물권 주창자들을 중심으로 하는 사상의 기반 위에 세워졌다.

동물권의 방어는 '인간 외 존재가 갖는 권리' 라는 개념을 제기하여 어머니지구의 권리가 발전하는 데 기여했다. 1789년에 벤담은, "나머지 동물 존재가 폭정의 손이 아니라면 결코 빼앗을 수 없는 권리를 획득하는 날이 올 것이다. 문제는 그들(동물들)이 생각할 수 있는지 말할 수 있는지가 아니라, 그들이 고통을 느낄 수 있는지 하는 것이다."(Bentham, 1789)

동물권은 저항에 부딪혔고 최근까지도 여러 나라에서 입법화하는 과정에서 다양한 경로를 걸어왔다. 독일의 경우, 민법 90a조는 이렇게 되어 있다. "동물은 물건이 아니다. 별도로 명시되지 않는 한, 동물들은 문건에 적용되는 조항을 따르되, 일부 필요한 조항을 변경하여 특별한 지위로 보호된다.”

그럼에도 전체로서 자연의 권리라는 시각은 19세기 중반에서야 발전하기 시작했다. 1970년대에 두 개의 주요한 법률적 조류가 유럽과 북미에서 발전하기 시작했다. 하나는 노르웨이의 철학자 아르네 네스가 발전시킨 '심층생태론deep ecology'이며, 다른 하나는 미국의 가톨릭 신부이자 생태신학자인 토머스 베리가 최초로 제안한 '지구법' 또는 '야생법wild law'이다.

심층생태론

아르네 네스(1912~2009)는 다른 두 형태의 환경주의를 상정했다. 하나는 가장 기본적인 수준에서 지구의 불균형을 일으키는 근본 원인을 파헤치는 '심층생태론'이다. 다른 하나는 단기적이고 표면적인 변화들에 초점을 맞추며, 오늘날 산업 경제에서 종종 볼 수 있는 소비지향적 가치와 행태에 뿌리를 둔 기술적 해법(예를 들어 리사이클링, 자동차 연비 향상, 수출주도 단작 유기농)을 내세우는 '표층생태론shallow ecology'이다. 심층생태론적 접근은 우리의 시스템을 자연 체계의 생태적, 문화적 다양성을 진정으로 보전할 수 있는 가치와 방법에 부합하도록 재구성하는 것을 의미한다.*

마이클 짐머만은 다음과 같이 이야기한다.

---

* http://www.deepecology.org/deepecology.htm

"심층생태론은 두 개의 기본원칙 위에 세워진다. 하나는 지구상의 모든 생명 체계의 상호 연관성에 관한 과학적 통찰인데, 이는 인간중심주의(인간중심성)는 사물을 바라보는 왜곡된 방식이라는 생각과 연결된다. 심층생태론자들은 생태중심적 태도가 지구상 생명의 본성이 지닌 진실과 더 잘 부합한다고 말한다. 심층생태론의 또 하나의 구성요소는 아르네 네스가 인간의 "자기실현re-earthing(다시 태어나기)"의 필요성이라 부른 것이다. 우리는 자신의 자아 또는 직계 가족과 동일시하는 대신, 나무와 동식물들과, 실로 생태계 전체와 동일시하는 법을 배워야 할 것이다. 이는 매우 근본적인 의식의 변화를 불러올지도 모른다. 하지만 그렇게 함으로써 우리의 행동이 지구상의 생명의 안녕을 위해 어떻게 해야 하는지 과학이 알려주는 것들과 조응하도록 만들어줄 것이다. 우리는 자기 손가락을 자르려 들지 않는 것처럼, 이 행성에 해를 끼치는 그런 일은 하지 않을 것이다."(Zimmerman, 1989)

네스는 존재들이 그 상대적 가치에 따라 순위가 매겨질 수 있다는 생각을 거부했다. 예를 들어, 한 동물이 영혼을 갖고 있는지, 이성을 사용하는지 또는 양심을 갖고 있는지 등에 대한 판단은 모두 인간이라는 동물이 다른 동물들보다 우월하다고 순위를 매기고 그것을 정당화하기 위해 활용된 것이다. 네스는 생태적 관점으로 이렇게 이야기했다.

"모든 유형〔모든 생명〕의 살아갈 권리는 양적으로 측정될 수 없는 보편적 권리다. 살아있는 어떤 종이라도 이러한, 살아가거나 생명을 이어갈 특별한 권리를 다른 종들보다 더 많이 갖지 않는다."(Næss, 1973)

심층생태론에 대한 주된 비판은 빌 디벌과 조지 세션즈 같은 몇몇 심층생태론자들이 제안한 내용에 집중된다. 그들은 "인간 생명과 문화의 번성은 인구의 실질적 감소와 양립한다. 비인간 생명이 번성하려면 인구의 감소가 필요하다"고 했다. 이들이 주로 비판을 받는 지점은 주요 해법으로 제시한 산아제한이 가난한 나라들을 대상으로 하며, 그럴 경우 인종주의적 태도로 귀결될 수 있다는 것이다. 오스트레일리아의 워윅 폭스 같은 또 다른 심층생태론자들은 이러한 생각에 대응하여 인간혐오적 태도와 인간중심적 태도는 다른 것이라고 구별했다.

이에 더해 다수의 사회생태론자들과 생태여성주의자들은 심층생태론이 생명계의 파괴에 작동하는 사회적 힘을 충분히 분석하지 않고 있다는 점에 동의한다. 또 어떤 이들은 심층생태론자들이 때때로 인간의 특질을 비인간 존재에게 투사하여 의인화anthropomorphism에 빠져버리고 만다고 비판하기도 했다.

지구법 또는 야생법

토머스 베리는 지구법 또는 야생법 운동을 촉발시켰다. 흥미롭게도

164

베리의 주요 참조점은 지구가 아니라 우주의 본성이었다.

> "우주는 맥락이 없는 유일한 텍스트다. 다른 모든 것은 우주의 맥락
> 속에서 조망되어야 한다. 우주의 이야기는 우주 속 각 개별 존재의
> 이야기이며, 따라서 우주의 여정(영원한 변화, 끊임없는 생성)은 우주
> 속 각 개별 존재의 여정이다. 우리는 우주 이야기를 나무에서 볼
> 수 있다. 모든 것이 우주의 이야기를 들려준다. 바람은, 그저 상상으
> 로서가 아니라, 말 그대로 이야기를 들려준다. 이야기는 모든 곳에
> 흔적을 남기며, 그 이야기를 아는 게 중요한 이유도 이 때문이다. 만
> 약 당신이 그 이야기를 알지 못한다면, 어떤 의미에서 당신은 스스로
> 를 알지 못하는 것이며, 결국 아무것도 알지 못하는 것이다."(Berry,
> 1999)

'지구법'이라는 용어는 현대 법학이 인간중심주의적 틀을 극복해야
함을 강조하기 위해 만들어졌다. 야생법은 전체의 다른 두 부분을 함께
보고 균형을 잡으려는 운동의 주창자들이 가진 시각이 반영된 것이다.
코막 컬리넌은 야생법에 대해 이렇게 설명한다.

> "나는 '야생법'이 넌센스처럼 모순되는 말로 들린다는 것을 알고 있
> 다. 법이란 결국 구속하고, 제약하며, 규제하고, 교화하기 위한 것이
> 다. 법의 규칙들은, 무력으로 뒷받침되면서, 인간 행동의 야생성을

자르고 가지치고 다듬어서 깔끔하게 손질된 잔디밭과 인공 정원의
관목숲으로 바꾸기 위해 만들어진 것이다. '야생'은 한편으로는 헝클
어진, 야만적인, 정리되지 않은, 문명화되지 않은, 제약되지 않는, 제
멋대로인, 질서 없는, 규칙 없는, 다루기 어려운, 전통적이지 않은,
규율되지 않는, 열정적인, 폭력적인, 다듬어지지 않은, 그리고 시끌
벅적한 것과 동의어다. 그리고 야생법은 인간 행동이 지구와 지상의
모든 종들의 온전한 상태를 보호하도록 규제하는 법이다. 이렇게 되
려면 인간이 자연 세계와 갖는 관계를 착취자에서 다른 존재들과 민
주적으로 공존하는 자로 바꾸어야 한다. 만약 당신이 지구공동체의
일원이고자 한다면, 당신의 권리는 지구, 동물, 강과 생태계의 권리
와 균형을 이루어야만 한다. 야생법이 지배하는 세계에서, 파괴적이
고 인간중심적인 자연 세계 착취는 불법이 될 것이다. 인간이 의도적
으로 생태계의 기능을 파괴하거나 다른 종들을 멸종으로 내모는 것
이 금지될 것이다."(Cullinan, 2011)

왜 자연에게 '권리'를?

자연은 어떤 권리를 갖는가? 그것은 인권과 비슷한 것인가?

이 질문에 대한 첫 번째의 그리고 가장 포괄적인 답변은 토머스 베리
의 '지구법 10원칙'에 나와 있다.

지구법 10원칙

1. 권리는 존재가 기원하는 곳에서 나온다. 무엇이 존재를 결정하는지가 권리를 결정한다.

2. 우주는 현상적 질서 속에서 더 이상 존재의 맥락이 없기 때문에, 자기 존재로부터 근거하고, 스스로의 활동이 규범이 된다. 이는 모든 파생적 존재 양식의 존재와 활동 속에도 근거가 된다.

3. 우주는 이용되는 대상이 아니라 함께 어울리는 주체들로 구성된다. 하나의 주체로서, 우주의 각 구성요소는 권리를 가질 수 있다.

4. 지구 행성의 자연 세계는 인간이 취하는 권리의 원천과 동일한 원천, 즉 자연세계를 존재하게 한 우주로부터 그 권리를 취한다.

5. 지구촌의 모든 구성요소는 세 가지 권리를 갖는다. 존재할 권리, 거주할 권리, 지구촌의 부단한 쇄신 과정 속에서 그 역할을 실현할 권리.

6. 모든 권리는 역할과 종species에 따라 다르며, 제한이 따르게 마련이다. 강은 강의 권리를 갖는다. 새는 새의 권리를 갖는다. 곤충은 곤충의 권리를 갖는다. 인간은 인간의 권리를 갖는다. 권리에 있어서 차이는 질적인 것이지, 양적인 것이 아니다. 곤충의 권리는 나무나 물고기에게는 아무런 가치가 없을 것이다.

7. 인간의 권리는 나름의 자연 상태에 있는 다른 존재 형태들의 권

리를 침해하지 않는다. 인간의 재산권은 절대적인 게 아니다. 재산권은 특정한 인간 '소유자'와 '재산'의 특정한 부분 사이의 특별한 관계일 뿐이며, 따라서 둘 다 더 큰 존재의 공동체 속에서 그들의 역할을 할 수 있을 뿐이다.

8. 종들은 개별의 형식으로만 존재하기 때문에, 권리는 종들에 단순히 적용되는 어떤 일반적인 방식으로가 아니라, 개별자들에 해당하는 것이다.

9. 여기에 제시된 바와 같이 이런 권리들은 지구의 다양한 구성요소들이 서로에게 갖는 고유한 관계들에 기반한다. 지구 행성은 상호의존적 관계들과 함께 엮인 하나의 공동체다. 살아있는 어떤 존재도 스스로 양분이 될 수 없다. 지구촌의 각 구성요소는 자신이 생존하는 데 필요한 양분과 지원을 위해 직접적으로든 간접적으로든 공동체의 다른 모든 성원들에게 의존한다. 포식자와 먹이 사이의 관계를 포함, 이러한 상호부양 관계는 존재의 큰 공동체 내에서 지구의 각 구성요소가 갖는 역할과 통합되어 있다.

10. 특별히 인간은 필요만 가진 존재가 아니라 자연세계에 대한 접근권을 가진 존재이다. 이 접근권은 생리적 필요만 충족시키기 위함이 아니라 인간의 지성이 원하는 경이, 인간의 상상력이 바라는 아름다움, 그리고 개인적 만족을 위해 인간의 감정이 원하는 친밀감을 갖기 위함이다.

베리에 따르면, 권리는 존재가 기원하는 곳에서 나온다. 존재들은 그들이 의식이나 도덕적 기준을 가져서가 아니라, 단지 존재하기 때문에 그리고 그들 존재가 전체의 다른 요소들 사이의 상호작용으로서만 설명되기 때문에 권리를 갖는다. 모든 것은 서로 연결되어 있으며, 어느 것도 따로 존재하지 않고 존재의 동일한 원천을 모두 공유한다. 우주 말이다.

베리에 따르면 지구공동체의 모든 구성요소는 세 가지 권리를 갖는다. 존재할 권리, 거주할 권리, 그리고 지구공동체의 끊임없이 새로워지는 과정들 속에서 그 역할을 실현할 권리.

이 세 가지 권리는 역할 특수적 또는 종 특수적이며, 제한되어 있다. 강은 강의 권리를 갖는다. 새는 새의 권리를 갖는다. 곤충은 곤충의 권리를 갖는다. 인간은 인간의 권리를 갖는다. 권리에 있어서 차이는 질적인 것이지, 양적인 것이 아니다. 한 곤충의 권리는 나무나 물고기에게는 아무런 가치가 없다.

따라서 자연의 권리는 자연에 대한 인간의 권리의 확장이 아니다.

"환경이 권리를 가져야 한다는 말은 환경이 우리가 상상할 수 있는 모든 권리를 가져야 한다는 말이 아니고, 심지어 인류가 갖는 것과 동일한 권리를 가져야 한다는 말이 아니다. 또한 환경 안에 있는 어떤 것이 환경 안에 있는 다른 어떤 것과 동일한 권리를 가져야 한다는 말도 아니다."(Stone, 2010)

더욱이 인간의 권리는 자연 상태 속에 있는 다른 존재 형태들의 권리를 대체하지 못한다. 이러한 권리들은 지구의 다양한 구성요소들 상호간의 고유한 관계에 기반한다. 어떤 살아있는 존재도 스스로 양분이 될 수 없다. 지구공동체의 각 구성요소는 자신의 생존을 위해 공동체의 다른 모든 성원들에게 직접 또는 간접적으로 의존한다.

자연의 권리 개념은 인간과 자연의 상호작용이라는 맥락에서만 적용되며, 인류에게만 의무를 부과할 것이다. 그리고 자연의 권리는 사람들이 이미 사람에게 주어진 권리를 고양하거나 보호하는 데 도움이 되어야 한다는 입장을 가지고 행동하도록 동기를 부여할 것이다(Burdon, 2011).

법률적 문헌으로 구현된 사례

21세기에 와서 지구법 제안은 법률적 문헌으로 구현되기 시작했다. 2006년에 미국 뉴햄프셔 주의 반스테드 마을은 공동체환경법률보호기금CELDF의 도움으로 다음 내용의 조례를 통과시켰다.

"자연 공동체와 생태계는 반스테드 마을 안에서 존재하고 번영할 수 있는, 빼앗을 수 없는 근본적인 권리를 갖는다. 생태계는 습지, 개천, 강, 대수층, 기타 관개시스템을 포함하지만, 이에 제한되지도 않을 것이다."

비슷한 결의가 미국의 다른 마을들에서도 채택되었다. 이러한 지자체

조례들은 자연의 특정한 영역에 초점을 둔 것이지 보편적 적용을 의미하는 것이 아니다. 이들은 지역공동체가 자연을 위한 수호자 역할을 하도록 힘을 실어준다. 지방당국은 재산 소유자인 인간에게 얼마나 피해를 끼쳤는지가 아니라 생태계에 어떤 피해를 끼쳤는가 하는 견지에서 손실을 측정한다.

"지금의 환경법 아래에서는, 자연을 보호하기 위하여 법정에 가려면 한 사람이 '당사자임standing'을 입증해야 한다. 이는 벌목, 강의 오염, 수자원 개발 등으로 사람이 피해를 입었음을 보여야 함을 의미한다. 따라서 피해는 파괴된 생태계가 아니라 사람이 당하는 것이 된다. 영국 석유업체 비피BP의 원유 유출 사건이 일어났을 때, 법률 체계에 의해 보상을 받을 수 있는 유일한 피해상황은 만의 생태계를 더 이상 이용할 수 없게 된 이들이 입은 금전적 피해뿐이었다. 권리에 기반한 법률 체계에서는 강은 흐를 권리가 있고, 강 속의 물고기와 생물종들은 재생산하고 진화할 권리가 있으며, 강에 의존하는 동식물들은 번성할 권리가 있다. 거주지의 자연생태계의 균형이 보호받는 것이다. 자연적 삶의 순환의 일부로서 사자가 영양을 사냥하는 것과 마찬가지로, 자연의 권리 인정은 고기잡이 등 다른 인간 활동을 막지 않는다. 오히려 우리의 행동이 우리가 의존하는 시스템의 균형을 위협하지 않는 건강한 관계의 맥락 속에서, 그러한 활동들이 자리 잡도록 하는 것이다."(Margil & Biggs, 2010)

에콰도르의 헌법

만들어진 법률적 문헌 중 가장 의미있는 성과를 꼽자면 의심할 여지 없이 2008년의 에콰도르 헌법을 들 수 있다. 이 헌법의 7장은 자연의 권리에 할애되어 있는데, 다음과 같다.

> 71조. 생명이 재생산되고 생겨나는 자연 또는 파차마마는 그 존재에 대하여 그리고 그 생명의 순환, 구조, 기능과 진화 과정의 지속과 재탄생에 대하여 포괄적으로 존중받을 권리를 갖는다. 모든 사람, 공동체, 인민과 국가는 자연의 권리를 강제하도록 공권력을 요청할 수 있다.
>
> 72조. 자연은 복원될 권리를 갖는다. 자연의 복원권은 국가와 자연인 또는 법인이 손상된 자연 시스템에 의존해서 살아가는 개인이나 집단을 보상할 의무와는 별개의 것이다.
>
> 73조. 국가는 종의 절멸, 생태계 파괴 및 자연적 순환의 불가역적 변화를 초래할 수 있는 활동에 대하여 예방하고 제한하는 조치를 취해야 한다. 국가의 유전자 자산을 변형시킬 것이 분명한 유기체, 유기물과 무기물의 도입은 금지된다.

이 조항의 내용은 원주민적 조류와 법률적 조류가 결합된 것이 틀림없을 것이다. 71조에서 보듯 에콰도르의 법에서는 자연을 파차마마(어머니지구)와 동의어로 상정하고 있는데, 어머니지구가 자연과 인간으로 구

172

성되기 때문에 파차마마의 권리를 자연의 권리로 명문화하여 어떤 이들에게는 애매하게 보일 수도 있을 것이다. 그 까닭은 헌법에서는 파차마마 개념이 본래 포괄하고 있는 전체(인간과 비인간)에 대한 비전을 담고 있지 않기 때문이다. 에콰도르 헌법에서 인정되는 자연의 특수한 권리는 존재에 대한, 그 통합성에 대한, 재생산에 대한, 생명의 순환과 복원에 대한 권리다.

에콰도르 헌법에는 이러한 권리를 강제하는 메커니즘은 담겨있지 않다. 반면, 자연의 이해를 보장하기 위해 관련 규제들을 해석하는 재량을 국가에게 부여한다. 따라서 자연의 권리를 강제할 수 있는 대부분의 조항이 실현되는 것은 정부와 사회의 적극적인 의지에 달려 있다고 할 수 있다.

볼리비아의 사례

2009년에 채택된 볼리비아 다민족국가 Plurinational State of Bolivia 헌법에는 자연의 권리 개념이 들어 있지 않으며 현재와 미래 세대가 누릴 수 있는 혜택을 담고 있어 '환경권'과 더 맥락이 가깝다(33조). 이 법문에서 가장 진전이 이루어진 점은 "모든 사람은 그 자신의 권리를 위하여, 또는 어떤 집단을 대표하여, 환경권을 방어할 수 있는 법적 행동을 취할 수 있다."(34조)는 부분으로, 에콰도르 헌법에서도 발견할 수 있는 내용이다.

볼리비아의 경우 어머니지구의 권리는 이 헌법이 채택된 이후 발전했으며 기후변화라는 지구 위기에 대한 국제적 대응과 직접 연결되었다.

2010년에 볼리비아의 코차밤바에서 1백여 국가에서 온 1천여 명의 대표자들과 35,000명의 참가자들이 모인 가운데 열린 '기후변화와 어머니지구의 권리에 대한 세계민중회의'에서는 '어머니지구의 권리에 관한 보편적 선언문'을 기초했다.

선언문은 "우리 모두는 어머니지구, 공동의 운명을 갖고 서로 연관되며 서로 의존하는 불가분의, 생명공동체의 일부"이며, "서로 의존하는 생명공동체 속에서는 어머니지구에 불균형을 일으키지 않으면서 인류의 권리만 인정하는 것은 불가능"하며, "인간의 권리를 보장하기 위해서는 어머니지구와 그 안에 있는 모든 존재의 권리를 인정하고 보호하는 것이 필수"라고 말한다.

어머니지구에 대한 이러한 접근은 인간과 자연을 지구공동체의 일부로 본다. 따라서 우리는 이러한 권리를 비인간(자연) 부분뿐 아니라 전체와 모든 존재의 권리로 보아야 한다.

이 선언문은 또한 다음과 같이 서술하고 있다. "어머니지구의 고유한 권리는 그 존재 자체에서 연유하는 것이므로 양도할 수 없는 권리이다. 이 권리의 행사권을 가진 이는 모든 유기적 존재와 비유기적 존재이다. 이 권리는 각 존재의 특수한 조건에 맞추고, 그들이 몸담고 있는 공동체 안에서의 그들의 역할과 기능에 부합한다."

전체로서 어머니지구에게 그리고 "그녀를 구성하는 요소인 모든 존재들"에게 인정되는 특수한 권리는, 생명을 가지고 존재하는 것에 대한, 존중받는 것에 대한, 그 생물적 역량을 재생산하고 삶의 순환과정을 인간에게 방해받지 않고 이어가는 것에 대한, 구별되고 자기 조절하며 또한 상호 연관된 존재로서 그 정체성과 통합성을 유지하는 것에 대한, 물에 대한, 청정한 공기에 대한, 포괄적 건강에 대한, 오염과 훼손 그리고 독성 또는 방사성 폐기물로부터 벗어나는 것에 대한, 유전자 구조가 조작되지 않도록 하는 것에 대한, 그리고 완전하고 즉각적인 복원에 대한 권리다.

어머니지구의 권리에 관한 보편적 선언문은 국제연합과 기후변화 협상을 하는 과정에 제출되었고, 2010년 말에는 볼리비아 다민족국가의 71호 법안으로 수용되어 채택되었다.

어머니지구의 권리에 관한 볼리비아 법률에서 가장 중요한 성과는 어머니지구 옴부즈맨Defensoría de la Madre Tierra이 포함된 것으로, 이들의 임무는 그러한 권리들이 잘 보장되고 충족되는지 살피는 것이다. 하지만 볼리비아에서 어머니지구 옴부즈맨은 아직 시행되지 않고 있다.

/ 어머니지구의 권리를 둘러싼 이슈

자연의 권리에 관한 기획은 세계 여러 곳에서 확산되고 있다. 미국의 경우, 자연의 권리를 인정하는 지자체 차원의 조례를 제정하기 위한 투쟁이 전개되고 있다. 유럽에서는 유럽의회와 유럽이사회가 자연이 권리를 갖는다는 것을 인정하도록 하기 위한 계획이 진행 중이다. 뉴질랜드 법무부는 왕거누이 강이 법률과 관련될 경우 사람으로 인정할 것이라는 내용의 협상을 이위iwi(마오리 부족)와 맺었다. 필리핀 등에서는 "인간과 환경의 건강은 우리의 기본 법률 하에 동등하게 보호된다"는 법적 판결이 나왔다. 국제연합에서는 매년 '자연과의 조화'에 관한 대화가 열리며 여기서 어머니지구의 권리에 관한 보편적 선언문 제안이 논의된다. 또한 국제연합과 국제사법재판소에서는 시민사회 집단을 중심으로 생태계 파괴 범죄를 인정하라는 요구가 나오고 있다. 국제적 차원에서는 2014년부터 자연의 권리를 위한 세계 동맹의 주도하에 자연의 권리 윤리 재판소Rights of Nature Ethics Tribunal가 열리고 있다.

　어머니지구의 권리 제안은 에콰도르와 볼리비아의 경험 이후 추진력을 얻었지만 지금은 매우 다양한 양상으로 전개되고 있다. 실행력이 뒷받침되지 않는 경우도 있고, 원래 이를 지지했던 정부들이 몇몇 조항을 위반하고 있기도 하다.

　어머니지구의 권리를 추진하는 과정에서 반드시 지키고 이행해야 할 몇 가지 중요한 문제가 있다. 생태계 서비스에 대한 비용지불과 녹색경제와 같은 위협들에 대해 반대 입장을 분명히 하는 것, 어머니지구의 권리 이행을 가로막는 것이 확실한 재산권을 둘러싼 논의를 심화하는 것, 그리고 법률적 문헌을 넘어서 지구 민주주의를 위해서는 어떠한 식의 민주주의가 필요한지 파악하는 것과 같은 문제들 말이다.

어머니지구의 권리를 위해 지키고 실천해야 할 것들

　자연의 권리와 어머니지구의 권리가 맞닥뜨린 커다란 도전은 이러한 권리들이 이미 인정된 곳에서 벌어지는 준수와 이행의 문제다. 에콰도르와 볼리비아의 경우를 볼 때 긍정적이고 전형적인 사례로 활용될 수 있는 게 한둘이 아니다. 하지만 반대로 후퇴한 것들도 있으며, 정부 프로젝트와 결정이 이 권리들을 명백히 침해하기도 했다.

2011년에 볼리비아 다민족국가 정부는 이시보로 세쿠레 원주민 구역과 국립공원(스페인어로 티프니스TIPNIS)을 가로지르는 도로 건설을 계획했다. 티프니스는 아마존과 안데스 지역을 아우르는 12,363㎢의 면적에 걸쳐 있다. 라틴아메리카에서 가장 풍부한 생물다양성의 원천이기도 해서, 수천 종의 식물, 포유류, 조류, 파충류, 양서류와 어류에게 피난처가 되고 있다. 이곳은 모헤뇨, 치만 그리고 유라카레 민족의 땅이다.

이곳 원주민들의 저항과 사회 여러 부문에서 벌인 운동 덕분에 정부는 결국 도로 건설 프로젝트를 유보했다. 하지만 안타깝게도, 이 결정이 내려진 것은 경찰이 라파즈 시로 행진하는 원주민들에게 억압적인 행동과 폭력을 저지른 후였다. 도로가 건설될 경우 영향을 받고 위반될 어머니지구의 권리를 당국이 공식적으로 고려하는 과정은 분쟁이 벌어진 중에도 없었고 지금도 여전히 그렇다.

야수니-ITT 프로젝트의 경우를 보자. 에콰도르 정부는 야수니 국립공원 내 이쉬핑고·탐보코차·티푸티니 지역의 유전 개발을 금지하려 했다. 이는 생물다양성이 매우 풍부한 이 지역에서 자연의 권리 보호를 제시한 실로 긍정적인 시도였다. 하지만 2013년에 코레아 정부는 국제사회에서 충분한 경제적 지원을 받지 못했으므로 이 지역의 석유 채굴을 추진할 것이라고 발표했고, 이 문제에 대해 국민투표를 실시하려던 시도들도 에콰도르 관계당국에 의해 봉쇄되었다.

야수니-ITT 프로젝트 사례는 자연의 권리를 존중한다는 것이 돈이나 다른 경제적 보상으로 이루어질 수도 없고, 환경서비스에 대한 비용지불 같은 방식으로는 이루어질 수 없다는 것을 분명히 보여주었다. 인간의 권리가 화폐나 경제적 이익만이 아니라 모든 상황에서 보장되어야 하는 것과 마찬가지로, 자연의 권리도 그래야 한다.

볼리비아와 에콰도르의 경우 악명 높은 사례들 말고도, 채굴, 유전 개발, 산림파괴, 핵에너지, 유전자변형생물GMO, 프래킹fracking 등 다른 프로젝트들에서도 자연의 권리에 명백히 부정적인 영향을 끼친 사례가 여럿 있다. 하지만 자연의 권리가 어떤 영향을 받거나 받게 될 것인지 그리고 자연의 권리를 보호하기 위해 어떠한 조치가 필요한지를 살피는 공식 과정은 없었다. 이들 정부의 담론과 실천 사이에, 인정된 법적 권리와 현실에서 존중되고 보장되는 권리 사이에 확연한 모순이 있는 것이다.

그렇다 해도 이러한 권리들이 법률적으로 인정될 뿐만 아니라 이제는 사회에 매우 잘 알려져 있다는 사실은 여러 원주민 집단과 시민사회, 환경 조직들에게 이 권리를 이행하는 데 필요한 다양한 행동을 해나갈 수 있는 힘을 주었다.

환경서비스에 대한 비용지불의 위험성

또 하나의 문제는 환경서비스에 대한 비용지불이라는 개념이 갖는 위험성이다. 보통 환경서비스란 도시의 거리와 공원을 청소하는 경우를 말한다. 하지만 이 용어를 자연이 가진 기능에 그대로 대입해서 그 기능을 평가하여 '환경서비스'라는 명목으로 시장가격을 매기려 하는 것은 전혀 다른 문제다. 이는 '자연은 고유의 가치를 갖는다'는 좋은 전제에서 출발한 '녹색경제'를 통해 도입되었다. 하지만 이러한 전제는 이내 생태계 서비스의 상품화와 '생물다양성 상쇄biodiversity offset' 방식의 개발을 부추기는데 활용되었다. 이는 만약 어떤 회사가 세계 어딘가에서 자연을 파괴한다면 세계의 다른 곳에서 생물다양성 보전에 도움이 되는 다른 프로젝트를 통해 '권리증서credit'를 구매함으로써 그 파괴를 '벌충'할 수 있다는 아이디어다. 항공사가 자신의 온실가스 배출을 실제로 줄이는 대신에 산림 보전 프로젝트로 '탄소배출권carbon credit'을 구매할 수 있음을 의미하는 산림 전용 및 산림 황폐화 방지를 통한 배출감축REDD 기획도 이런 사례다.

　탄소 배출 수준의 상쇄 또는 생물다양성의 상쇄라는 아이디어는 자연의 금융화가 매우 투기적인 단계에 이르렀음을 보여주며, 이는 지구 시스템의 불균형을 더욱 심화시키게 될 것이다. 하나의 종을 보전했다고 다른 여러 종을 파괴하는 행위가 용인될 수는 없는 것이다. 자연의 권리는 오염을 유발한 회사가 환경을 해치는 행동을 계속하면서 '권리증서'를 구매하는 시장논리를 통해서는 결코 보장될 수 없는 것이다.

모드 발로*는 이렇게 말한다.

"생태서비스에 대한 비용지불PES은 생태 재화(깨끗한 공기, 물, 토양 등)와 물 정화, 작물의 수분, 탄소 격리 등 생태계를 지탱하는 서비스들에 가격표를 붙인다. 생태서비스에 대한 비용지불의 시장 모델은 생태계 서비스의 '담지자'와 '소비자' 사이의 합의이며, 이 서비스를 환경 재산권으로 바꾸어 놓는다. 이러한 체계는 습지, 호수, 숲, 산 등 온갖 자연을 사유화하며, 이를 구매하고 비축하고 팔고 거래할 수 있을 만큼 부유한 사람들이 자연을 사적으로 축적할 수 있는 무대를 마련해줌이 분명하다. 이미 북반구의 정부들과 사기업들은 남반구에서 수익성 좋은 생태서비스에 대한 비용지불 프로젝트들을 추진하기 위해 민관협력사업PPP, Public-Private Partnership을 연구하고 있다."(Barlow 2010)

자연을 사유재산으로 인정하는 것에 대하여

어머니지구의 권리를 이행하는 것과 관련하여 다뤄져야 할 또 하나의 문제는 재산권이다. 법률에서 인간중심주의의 주요한 표현 중 하나가 재산권이라는 관념이다. 인권 개념이 채택되기 오래 전에, 재산권이라는

---

* 캐나다 시민 평의회 의장과 먹거리와 물 감시단 이사를 역임했고 '푸른 지구 운동'의 창시자로도 알려져 있다. 우리나라에 출간된 저서로 《블루골드》(개마고원), 《물은 누구의 것인가》(지식의날개) 등이 있다.—옮긴이

법적 개념이 수립되고 또 강제되었다. 토지, 집, 동물, 기계, 도구에 대한 재산권은 물론이고 노예나 여성 같은 다른 인간에 대한 재산권까지도 있었다. 재산은 판매, 대여, 증여, 분할, 상속 등이 가능하다. 재산을 보유하려면, 소유의 대상이 권리가 없거나 소유하고 있는 이의 권리보다 적은 권리를 갖는 사물이라는 것이 확인되어야 한다. 동등한 권리를 갖는 시민들 사이의 재산 소유 관계는 고대 그리스에서도 받아들여지지 않았다. 재산의 대상이 되기 위해서는 전쟁과 정복을 통해서 또는 태어나면서부터 노예가 되어 그 또는 그녀의 권리가 박탈되어야 했다.

인간과 자연 사이의 지배적인 법적 관계는 아직까지도 재산을 통해 이루어지고 있다. 자연에 대한 법률은 토지, 광물자원, 기름, 동물, 물 등에 대한 인간의 재산권을 보장하기 위해 제정되었다. 재산은 개인 소유일 수도 있고 국가 또는 공공의 소유일 수도 있다. 그런데 그것은 언제나 자연의 어떤 '사물들'에 대한 어떤 사람들의 재산이다. 하지만 자연의 모든 것이 재산이 될 수는 없다. 왜냐하면 재산이 되기 위해서는 범위가 정해져 있고, 구분되어야 하고, 희소하고, 시장에서 거래되어야 하기 때문이다. 그런데 재산이라는 것으로 자연을 조각조각 내어 '사물'로 만들어버린다. 현실에서는 결코 따로 떨어져 존재할 수 없는 것들인데도. 숲은 토양과 분리되고, 지하수는 생물다양성과 분리되며, 토지는 광물과 분리되는 것이다.

애초에 주요한 모순은 결코 인간의 권리와 어머니지구의 권리 사이에 있었던 게 아니다. 실제로는 자연의 권리와 소수의 사람들에게 집중되어 있었던 재산권 사이에 있었던 것이다.

피터 버든은 말한다,

"서구 사회에서, 재산법은 토지에 대한, 그리고 환경 속에서 우리의
위치에 대한 가장 근본적 사상 중 한 부분을 제공한다. 이러한 사상
의 대부분은 너무도 깊이 뿌리박혀 있어서 우리가 그것들을 달리 생
각해보기란 쉽지 않다. 사유재산이라는 일반적 '사상'은 한 사물에
대한 개인적으로, 그리고 절대적으로 부여된 것(블랙스톤이 '유일하
고도 전적인 지배'라 칭한 것)이며, 국가의 의지에 의해 보호된다. 우리
의 집은 우리의 성채이며, '우리가 규칙을 만드는' 개인적 영향의 공
간이다. 재산과 관련한 법에 대해 우리가 가지는 사고 또한 마찬가지
다. 우리는 토지를 각각 구별되는 법적 관계의 묶음들로 나눌 수 있
으며, 각각의 개인은 다른 소유자와의 관계 속에서 자신의 재산(토
지)을 소유하고 있다고 생각한다."(Burdon, 2010)

인간중심주의적이 아닌 새로운 법률적 틀거리를 마련하기 위해서는
재산 개념을 극복하고, 재정의하고 제한할 필요가 있다. 지구법은 재산
권에 제약이 가해지고 우리가 자본에 지배되지 않는 새로운 생태사회를
이룰 때 비로소 힘을 얻을 수 있다. 에콰도르와 볼리비아의 경우, 자연과
관련한 새로운 권리가 추가되는 중요한 변화가 있었지만 재산권과 관련
해서는 큰 변화가 없었다.

권리를 넘어서

어머니지구와 자연의 권리가 인간중심주의를 비판하면서 탄생되었다면, 왜 굳이 인간중심주의적인 '권리'라는 개념을 사용하는 것일까? 인간이 자신 스스로를 통치하기 위해 '권리' 개념을 발전시켰다면, 왜 환경파괴를 막기 위한 다른 종류의 법적 틀거리를 만드는 대신 자연에게 권리를 대입시키는 것일까?

토머스 베리는 '권리'라는 용어를 결코 좋아하지 않았으며, "그러나 그 말을 계속 써야 한다면 어쩔 수 없다"고 보았다. 지구 시스템의 균형을 회복하기 위해, 아무것도 갖지 못했던 시스템의 다른 부분에 대한 권리를 인정함으로써 현재의 법적 시스템(권리)의 개념을 활용해본다는 생각이었다. 자연 역시 권리를 갖는다는 것이 인정되지 않는다면 어떻게 재산권을, 특히 대기업의 재산권을 제한할 수 있을까? 인간과 기업들의 책임과 의무를 다른 식으로도 이야기할 수 있겠지만, 이는 인간중심주의에 의문을 제기하지 않고 현재의 맥락 속에서 언제나 자연을 낮은 지위에 두는 방식일 것이다.

지구법 또는 어머니지구의 권리를 추구하는 주된 목적은 결코 법률적 문헌 속에 죽은 활자로 박혀있자는 게 아니다. 도시나 국가 차원에서 자연의 권리를 인정하고 이를 효과적으로 적용하는 것은 중요하지만 결코 그것만으로는 충분하지 않다. 우리 행성의 균형을 회복하려면 국제적 메커니즘과 규제가 필요하다. 전체에서 인간 영역만 고려하는 것이 아니라 전체를 고려하는 국가적, 지역적, 지구적 차원의 지구 민주주의Earth

Democracy를 어떤 형태로 발전시킬 것인가가 과제다.

　토머스 베리는 이렇게 말하곤 했다. "상상력의 상실과 자연의 상실은 동일한 것이다. 하나를 잃는다면 다른 하나도 잃게 된다." 같은 선상에서 코막 컬리넌은 어머니지구의 권리 운동의 목표는 "획일성을 부여하기보다는 창조적 다양성을 고양"하고 "다양한 비전통적 접근이 태어나고 자라며 흐르다가 사멸할 수 있도록 공간을 여는 것"이라고 강조한다 (Cullinan, 2011).

- 파블로 솔론 -

탈세계화
Deglobalisation

세상의 상품화를 막고 참다운 지구공동체를 건설하자

***

탈세계화는 고립이나 폐쇄경제autarchy를 추구하는 것이 아니라, 자본에 지배되지 않는 다른 유형의 세계 통합을 꾀하는 것이다. 탈세계화는 사람과 자연을 중심에 두는 대안적 통합 모델을 구상하고 만들어나가는 것이다.

세계화는 커뮤니케이션과 인터넷의 발전으로 지구상 모든 나라의 상호의존과 통합이 심화된 과정을 일컫는 것이 아니다. 이런 의미에서 세계화는 그저 세계의 통합을 뜻하는 말이 아니다. 여기서 세계화는 자본, 생산, 시장의 통합으로, 이것이 이윤증대라는 목표하에 삶의 전 영역으로 확대되고 가속화되는 과정을 말한다.

탈세계화라는 말을 처음 고안한 것은 월든 벨로와 남반구 포커스Focus on the Global South이다. 그들의 목적은 지구적 경제로부터 철수하는 것이 아니라, 지역경제와 국민경제가 약화되지 않고 강화되도록 세계 경제와 정치 체제의 구조를 바꾸도록 촉발하는 것이다(Bello, 2005). 탈세계화는 민중과 국가들의 의사결정 역량을 빼앗아가는 자본의 논리와 이른바 경제적 합리성에 지배되는 통합 과정에 의문을 제기한다. 탈세계화한다는 것은 민중, 국민, 지역공동체와 생태계의 필요에 바탕을 두고 세계의 통합 과정을 구상하고 건설하기 시작한다는 것을 뜻한다.

탈성장이 우리에게 자연을 파괴하는 성장 없이 번영하는 사회를 상상하도록 해준 것처럼, 탈세계화는 은행과 초국적기업들이 아닌 민중을 위한 다른 유형의 세계화를 생각하도록 해준다.

탈세계화를 위한 제안은 세 과정으로 이루어져 있으며 각각의 과정은 서로 긴밀히 연결되어 있다. 첫째는 세계화의 미래와 여러 국면들에 대해 이해하는 것이다. 둘째는 세계화가 확장되는 토대를 해체하고, 그에 맞서 저항하며, 진행이 더뎌지도록 저지하는 것이다. 셋째는 전 세계적 차원에서 이루어지는 자본의 포획에 대한 대안을 마련하는 것이다(Bello, 2005).

/ 세계화 과정 이해하기

월든 벨로에 따르면 세계화에는 두 가지 국면이 있었다. 첫째는 19세기 초반부터 1914년 1차 세계대전이 발발할 때까지이며, 둘째 국면은 1980년대에 시작되어 오늘날까지 이어지고 있다. 두 국면 사이의 기간(1914~1980)은 상당한 정도로 국가 개입이 이루어지는 자본주의 국민경제, 그리고 무역과 자본 흐름에 강력한 제약을 가하는 국제경제가 특징이었다(Bello, 2013).

세계화의 현 국면은 1970년대 후반과 1980년대 초반에 신자유주의의 발흥과 '워싱턴 컨센서스'와 함께 시작되었다. 신자유주의 이데올로기는 효율적이고 이윤을 많이 내는 모험적 벤처들에게 보상을 주고 낡은 회사와 사업을 징벌하는 시장과 경쟁이 핵심이라고 강변했다. 시장과 경쟁이 그 역할을 다하려면, 한편으로는 상품, 서비스, 자본이 자유로이 움직이는 것을 가로막는 장벽과 장애물들을 제거해야 하며, 다른 한편으로는 사회, 생산, 무역, 금융, 그리고 환경에서 국가의 역할을 제한해야 한다는 것이다. 신자유주의에게 있어서 경쟁을 가로막는 것은 그게 무엇이든, 개인이 자신들에게 최대의 이익과 만족을 가져다 줄 대상을 소비하고 혁신하고 투자할 수 있는 자유에 반하는 것이다. 경쟁이 불러온 불평등과 가장 효율적이고 결국 성장을 만들어내는 이에게 주어지는 시장의 보상은 사회 전체에 이익이 된다. 하지만 그 이익은 언제나 불균등하게 분배된다.

신자유주의 체제하에서는 시민은 존재하지 않으며, 대신에 소비할 수 있는 능력을 키울 때만 성취감을 느끼는 소비자들이 있을 뿐이다. 이 체제 하에서 진보와 현대성은 소비와 생산성의 향상과 관련된 것일 뿐, 인간과 자연은 안중에도 없다. 제한 없는 소비와 생산주의에 기반한 현대성 이데올로기는 너무도 강력하여, 자연과 더불어 자신들의 기준과 원칙에 따라 균형 있는 삶을 목표로 삼고 살아온 원주민공동체에까지 침투할 정도다.

신자유주의 정책은 실현 대책을 가지고 다음과 같은 목표를 추구한다.

1. 국가의 축소(다운사이징), 공기업의 민영화, 공공지출의 삭감, 이윤에 대한 과세 축소, 사회 부조의 삭감. 요컨대 국가를 무장해제시켜

서 시장이 자기 잠재력을 완전히 펼쳐보이게끔 하기.

2. 자본 흐름과 금융 활동에 대한 규제 줄이기.

3. 외국인 투자가 국가 주권보다 우선하도록 초국적 체제와 협정을 촉진하기.

4. 상품, 서비스, 투자, 정부 조달, 경쟁 정책, 지적소유권을 포괄할 뿐 아니라 자본의 권리를 노동권이나 환경권보다 우선시하는 일련의 조항을 포함하는 자유무역협정을 촉진하기.

5. 자본의 이윤폭을 늘리기 위해 노동 및 사회 보호를 축소하고 약화시키기.

6. 자본 팽창을 위한 새로운 투기시장을 창출함으로써 자연과 생명의 금융화를 촉진하기.

신자유주의는 처음 모습을 드러낸 이래로 어떤 나라에서도 동일한 방식으로 적용되지 않았다. 영국, 미국 또는 칠레에서의 신자유주의 실행은 국가적 특징과 특수성이 두드러졌는데, 칠레의 구리 산업에서 미국의 막대한 국방 예산과 군사력이 유지된 것도 그런 점에서 시사적이다. 실제로 모든 나라들이 동일한 방식으로 채택한 '순수한' 신자유주의 같은 것은 존재하지 않는다. 각 나라 나름대로 강력한 국가 부문이나 사회적 저항 투쟁들이 있었으며 이는 신자유주의가 실행되는 방식에 영향을 미쳤다. 신자유주의는 언제나 엄청나게 유연했고 회사들이 국유화되거나 무역협정이 재협상되는 과정에서조차 살아남고 확장될 수 있도록 매우 민첩하게 모습을 바꾸어 적응하곤 했다.

신자유주의는 내적 통일성을 가진 이념이 아니다. 예를 들어 지적재산권 측면에서 보면 신자유주의는 특허에 대한 보호 체제를 지지하며, 그중 대다수는 대기업이 좌지우지한다. 투자와 관련해서 보면, 국내 투자자들에 비해 외국인 투자자들에게 유리한 보호 체제를 구축한다. 또한 상품과 자본에게만 자유로운 이동을 보장하는 조치를 마련하고, 사람과 노동력에 대해서는 이민 규제책으로 이동을 제한하면서 그들의 운명에 내맡겨둔다. 개인의 자유로운 이동을 금지한다는 사실은 신자유주의적 세계화가 인류의 이익을 위한 통합을 추구하는 게 아니라는 가장 강력한 증거다.

베를린장벽이 무너지고 소비에트연방이 해체된 이후로 신자유주의의 발걸음은 거침이 없어 보였다. 어떤 이들은 국제통화기금, 세계은행, 세계무역기구 및 다국적기업들과 같은 국제 조직들이 주관하는 새로운 세계질서가 수립될 것이라 점치기도 했다. 그러나 20세기가 끝날 무렵 신자유주의의 파괴적 영향들이 표면에 드러나기 시작했고 세계화에 대한 저항은 점점 커져갔다. 세계는 신자유주의적 낙관론이 득세하던 첫 국면을 지나 1994년의 멕시코 위기, 1997년의 아시아 금융위기, 1998년에서 2002년 사이의 아르헨티나 대침체 그리고 이후 2007년에 미국에서의 위기를 맞았다. 비록 해결되었다고는 하나, 미국 위기는 유럽과 신흥 경제들로 전이되었고 지금은 중국 경제를 괴롭히고 있다.

신자유주의적 세계화는 자본주의의 주기적 위기를 10여 년 동안 지속되는 만성적 위기로 바꾸어놓았다. 이러한 만성적 위기는 자본주의를 붕괴시키기는커녕 더욱 큰 부의 집중마저 불러왔다. 신자유주의적 자본주의는 위기를 초래하면서 또 위기를 먹고 사는 것이다. 만성적 위기는 자본(특히 금융부문 및 투기와 연관된 자본)에게 벌이를 키울 수 있는 기회가 되었다.

무역자유화는 자본이 노동과 환경 기준이 가장 취약한 곳으로 옮겨갈 수 있게 도와주었고, 자본이 떠나버린 나라에서는 수백만 명이 일자리를 잃었다. 국제통화기금과 세계은행이 부추긴 구조조정은 여러 나라에 한 치수의 옷을 강요하는 것과 다름없는 해악적인 수출주도 정책을 강화했고, 대외 부채를 지탱할 수 없을 만큼 증가시켰다. 일자리, 집, 사회보장의 상실은 세계 인구 대다수에게 영향을 끼쳤다.

신자유주의의 무분별한 적용은 저항을 불러일으켰다. 신자유주의의 진전을 멈추기 위해 대규모 파업과 시위가 일어났다. 하지만 많은 투쟁이 패배했다. 1999년 시애틀의 세계무역기구 반대 시위처럼 부분적 승리를 거둔 투쟁도 있다. 미주자유무역지대FTAA 반대 운동도 2005년에 협약을 패퇴시키는 데 성공했다.

라틴아메리카 국가들에서는 불만이 극도로 높았고, 반신자유주의 담론을 구사하거나 초국적 자본에 대해 일정 수준의 주권 발휘를 약속하는 진보정부가 집권했다. 이러한 정부들 중 일부는 집권 첫 몇 년 동안 금융자본을 규제하는 조치를 취하고, 자유무역협정을 재협상하거나 부분적으로 유보시켰으며, 양자간 투자협정BITs 폐기를 통고하고, 몇몇 기업을 국유화하고 수백만 민중들의 사회경제적 조건을 향상시키는 사회 및 복지 프로그램을 도입했다. 이러한 진보정부들은 남미국가연합UNASUR, 중남미·카리브 해 국가공동체CELAC, 아메리카를 위한 볼리바르 동맹ALBA 등과 같은 통합까지 진행함으로써 특히 미국으로부터 상당한 정치적 자율성을 확보하려 했다.

하지만 이러한 조치들을 지원하기 위해 사용된 전략은 국제시장에서 높은 가격으로 거래되는 원료와 상품으로 이익을 보는 채굴산업 부문을 강화하는 것이었다. 세계 경제의 만성적 위기가 신흥 경제들로 확산되고 가격 붐이 끝나자, 이들 나라의 경제는 심각한 문제에 봉착했고 불만에 찬 대중은 신자유주의 세력이 다시 발흥하는 쪽으로 문을 열어주기 시작했다.

미국의 월스트리트 점거, 아랍의 봄, 그리스의 시리자Syriza, 스페인의 '분노한 사람들Indignados'과 '포데모스Podemos' 그리고 다른 여러 운동들과 같은 저항의 물결이 세계 곳곳에서 일어났다. 신자유주의적 세계화에 대한 이러한 저항은 버니 샌더스의 후보 출마, 또는 이민, 무슬림, 여성, 환경, 정보의 자유, 건강 및 법치에 반하는 도널드 트럼프의 조치들에 저항하며 수십 수백 수천 명이 거리를 점거하는 것과 같은 양상으로 나타나기도 했다.

라틴아메리카에서는 이 같은 사회적이고 정치적인 결집과 열렬한 대중적 지지에 힘입어 정부를 수립하는 데 성공했지만 신자유주의에 대한 구조적 대안을 만들 역량은 지니지 못했다. 라틴아메리카 정부들이 실행한 가장 진보적인 조치들도 신자유주의적 소비주의가 갖는 진보와 현대성의 이미지를 허물지 못한 것이다. 게다가 이들 정부는 (심지어 많은 경우 국가의 통제하에) 채굴주의를 강화했고 이는 초국적 세계화의 진전에 기여했다. 집권한 사회운동 지도자들은 권력의 논리에 포획되고 실용적인 접근에 적응해갔다. 이는 '비비르 비엔'이나 '어머니지구의 권리' 같은 급진적 제안들을 종이에 남겨두고는 정권 유지를 위해 사회의 힘 있는 집단들과 동맹을 추구하게 되었음을 의미한다. 그들이 국가에 기생하는 수년 동안 부패를 발판으로 새로운 권력 집단이 출현했고, 정부의 위기는 더욱 악화되고 말았다.

라틴아메리카의 몇몇 나라들에서 진보정부가 집권하고 십여 년이 지난 지금, 우리는 상류 부르주아지가 직접 관리하는 신자유주의 정부들의 귀환을 목도하고 있다. 살아남은 '진보' 정부들은 생존방편으로 채굴주의를 강화하며 대형 프로젝트를 실행하고, 많은 경우에 현상유지를 위한 억압적이고 권위주의적인 조치들을 취함으로써 대중의 불만을 키우고 있을 따름이다.

/ 세계화 과정의 새 국면은?

신자유주의적 세계화 과정은 다음 요소들을 특징으로 하는 새 국면으로 들어선 것 같다.

1. **자본주의 위기의 만성화** 우리는 북반구와 남반구의 모든 나라가 타격을 입고, 그로 인해 '선진국'과 '개도국' 사이에 존재했던 구분이 점차 없어지기 시작하는 지속적인 위기에 접어들었다. 이제는 항구적 위기가 새로운 '정상상태'new 'normal'로서, 모든 나라에서 한쪽에서는 극히 집중된 부의 거품을 낳는 반면 다른 한쪽에서는 주머니가 거덜 나고 있다. 자본주의는 이러한 끝나지 않는 위기를 살아내고 또 이를 자양분으로 하여 특정 부문의 자본이 엄청난 이윤을 누리도록 해준다. 우리는 환경, 사회 및 경제위기와 전쟁에서 이익을 취할 뿐 아니라, 더 많은 자본을 축적하기 위해 이런 위기를 끊임없이 조장하기까지 하는 혼돈의 자본주의가 시작되는 것을 목도하고 있다.

2. **자본주의에 의한 지구 시스템 변화** 환경은 더 이상 지역적이거나 국가적 수준에서만 영향을 받는 것이 아니다. 이제는 지난 11,000년 동안 농업 발전을 가능케 한 일련의 평형상태가 교란되면서, 지구가 작동하는 방식에 영향을 끼치고 있다. 자본주의는 스스로를 조절하지 못하며, 자본의 논리는 어떤 한계도 인정하지 않는다. 자본주의는 생태적 불균형의 상태로 접어들기 시작한 유한한 행성에서 전례 없는 변형의 과정을 겪고 있다.

3. **커다란 위험과 기회를 갖는 새로운 기술혁명** 생명기술과 자동화의 확장이 두드러진다는 점에서 이를 4차 산업혁명이라 부르면서 이전의 산업혁명(증기, 전기 그리고 전자정보)과 구별하기도 한다. 이러한 기술적 도약은 전기를 저장할 수 있게 해주고 태양력과 풍력 에너지 생산 및

전기자동차 생산을 전례 없이 촉진하게 해줄 것이다. 그러나 동시에, 사회경제적 불평등을 심화시키고, 새로운 기술을 혁신하고 이에 적응할 능력이 있는 산업 부문과 나라들에만 이익을 가져다줄 것이다. 가장 심각한 위험 중 하나는 이러한 기술들, 예컨대 지구공학geoengineering을 활용하여 기후변화를 통제하려 하거나 합성생물학을 활용하여 만든 새로운 생명 형태로 특허를 얻어 이윤을 추구하는 것이다.

　4. **무역 및 경제 분쟁과 갈등의 심화**　미국, 러시아, 인도, 필리핀, 터키 같은 나라들에서의 우파 민족주의 정부 출현이 신자유주의적 세계화 과정을 늦추지 않을 것이며, 오히려 그 모순과 갈등을 키우게 될 것이다. 트럼프는 신자유주의의 본질을 허물지 않을 것이다. 그는 다른 나라로 옮겨가는 미국 기업들을 비난하면서도 정작 자신은 미국 바깥에서 사업을 하며 이윤을 늘리기 위해 무역자유화의 이점을 활용한다. 트럼프가 추구하는 것은 중국 경제와의 관계에서 미국 경제의 지위를 회복하기 위해 일부 무역자유화 정책을 조정하거나 재협상하고, 멕시코에 대한 큰 무역적자를 줄이는 것이다. 보호주의 무역장벽의 채택은 다극화된 세계에서 전례 없는 무역 전쟁과 긴장을 촉발하게 될 것이다. 트럼프 등 반동적 정부들을 단지 우익 포퓰리스트 민족주의로 치부하면 그들의 진짜 본질과 신자유주의 프로젝트를 보지 못하게 된다. 우리가 지금 목도하고 있는 것은 지금까지 없었던 새로운 유형의 민족주의적 신자유주의 정부들이다. 그들은 두 개의 상충하는 흐름(민족주의와 신자유주의)을 결합하며 이는 이 세계화의 새 국면이 갖는 발화 가능성을 더욱 높이게 될 것이다.

신자유주의는 국가들 사이에 장벽을 세우는 등의 기괴한 민족주의적 기획들 속에 녹아들면서 계속 나아가게 될 것이다.

5. **개입주의와 군사 분쟁의 증가** 미국은 더 이상 경제를 지배하는 세력이 아니지만, 여전히 이 행성에서 최상위의 군사력을 갖고 있다. 이런 측면에서 미국의 역할은 결정적이며, 자국의 영향력 안에 있지 않은 정부들을 흔들기 위해 계획된 동맹과 분쟁을 일으키며 개입하게 될 것이다. 동시에 미국은 최근까지 든든하지 않은 동맹국들의 의지를 시험하기도 한다. 최근 몇 십 년 동안의 지정학적 구도는 변화할 것이며, 우리는 경제적 대립과 지정학적 분쟁이 동시에 존재하면서 벌어지게 될 예상치 못한 상황을 맞닥뜨리게 될 것이다.

6. **민주주의의 퇴행과 권위주의, 외국인 혐오·여성 혐오·인종주의의 확산** 신자유주의적 민족주의는 신자유주의의 영향으로 형성된 대중적 불만을 이민자, 여성, 성소수자LGBT 공동체, 유색인, 원주민, 약물중독자 그리고 위험하다고 낙인찍을 수 있는 모든 이들에게로 돌리는 경향이 있다. 지구의 여러 곳에서 시민적, 정치적, 인간적, 경제적, 사회적 그리고 문화적 권리에 대한 공격이 이루어지고 있다. 투표를 통해 권력을 얻는 자유민주주의는 기존의 법질서를 존중하지 않는 권위주의에 자리를 내어주며 퇴행하고 있다.

7. **광범하고 다양한 형태의 사회적 저항** 신자유주의적 권위주의의 확장은 중요한, 다시 말해 매우 격렬하고 광범위한 자생적 저항들을 불러일으키고 있다. 수천 명이 거리를 점거하고 다양한 운동과 개인들이

융합하면서 경계를 넘어서는 접합과 연대의 새로운 과정이 만들어지고 있다. 트럼프가 감행하는 여러 전선에 대한 공격은 예전에 볼 수 없던 반응들뿐 아니라 새로운 운동, 네트워크, 동맹, 조직 그리고 정치적 수단의 수립을 촉발하고 있다. 이러한 세계화 과정의 새 국면이 맞을 미래는 대체로 이러한 사회적 저항의 과정들이 갖는 양상, 그들이 얻는 승리, 신자유주의에 대한 현실의 정치적 및 경제적 대안의 발전, 그리고 실제 민주주의가 어떻게 발전하는지, 거리의 시위가 잦아들어도 사라지지 않는 무엇을 만들어낼지에 달려 있다.

앞에서 언급한 요소들 중 많은 부분은 자본주의가 진화해온 역사의 다른 시기에도 볼 수 있는 현상이다. 하지만 과거에도 보였던 현상에 더하여 최근에 나타난 새로운 요소들이 결합되어 나타나는 현상의 밀도와 폭발성은 사회 변화를 향한 커다란 위험과 커다란 기회가 동시에 나타날 것이라는 점을 예견한다. 이제 새롭고, 매우 복잡하고, 격렬한 세계화의 국면이 열리고 있는 것이다.

/ 세계화 해체하기

월든 벨로에 따르면, 세계화는 해체되어야 하고 그래야 우리가 보편적 존재로 여기는 인간과 생명이라는 존재를 다시 통합할 수 있다. 진정

의미 있는 사회 변화를 이루려면, 낡은 시스템의 지배력을 약화시키고, 그것이 구축해온 헤게모니를 허물고, 몇 가지 규율과 제도를 되돌려야 한다.

대안들이 가지를 뻗게 하려면, 국제통화기금, 세계은행, 세계무역기구와 자유무역 및 투자 협정들이 자리 잡고 있는 세계화 이데올로기와 기구들의 정당성을 허물고, 작동을 저지하고, 모순을 드러내고 또 해체해야 한다.

이러한 해체 과정은 미주자유무역지대와 세계무역기구에 대항해서 중요한 승리를 거두었는데, 후자의 경우 2013년 인도네시아 발리에서 열린 세계무역기구의 각료회의에 대응하는 시위를 벌여 자유무역협정의 동력을 꺼트리는 데 성공했다. 하지만 이러한 투쟁의 시간을 통해 얻은 교훈이 있다면 이들 조직들은 비판 요소를 받아들이고 이를 그들이 공격하는 데 재활용함으로써 스스로를 적응시키고 재창조하는 능력이 탁월하다는 점이다.

세계은행이 바로 그렇다. 수자원공사의 민영화에 몇 차례 실패한 뒤, 세계은행은 낡은 내용을 '민관협력사업PPP'이라는 좀 더 영리하고 위험스러운 제안으로 다시 포장해 내놓았다. 또 하나의 사례는 기후와 환경위기를 활용하여 '녹색경제'라는 개념으로 자연을 금융화하는 새로운 공세에 착수하려는 세계은행의 시도다.

무역자유화도 마찬가지다. 미주자유무역지대가 실패하고 세계무역기구에서의 협상이 교착상태에 빠진 이후에도, 무역자유화는 양자 간 또는 소지역 범위의 자유무역과 투자 협정들을 통해 계속되었다. 무역자유화에 대한 저항은 트럼프 행정부와 같은 민족주의적 신자유주의 정부의 출현 때문에 더욱 복잡해졌다. 트럼프는 TPP(십여 년의 협상을 거쳐 12개국이 조인한 환태평양경제동반자협정)와 같은 자유무역협정에서 철수하고 1994년부터 효력을 발생한 북미자유무역협정을 미국, 멕시코, 캐나다가 재협상할 것을 제안하고 있다.

자본주의의 위기와 재편성 과정은 세계 곳곳에서 벌어지는 저항과 사회운동에 영향을 끼치고 있다. 과거에 효과가 있던 세계화 해체 전략들은 더 이상 같은 효과를 낳지 못한다. 세계사회포럼 같은 공간이나 몇몇 반세계화 네트워크들은 지도적 역할을 잃었다. 하지만 넓은 범위에 걸친 기획과 행동, 투쟁, 논쟁 그리고 지역 및 공동체 차원의 대안들이 계속 떠오르고 있기도 하다. 이는 우리가 추구하는 다른 세계의 씨앗들이 싹트기 시작했음을 보여준다.

지난 십여 년간, 우리는 국제통화기금, 세계은행, 세계무역기구에 맞서는 국제적 투쟁이 중앙무대를 차지하는 상황에서 국가 및 지역 차원의 투쟁이 두드러지는 국면으로 넘어왔다. 새로운 특질을 갖는 사회운동들이 여러 나라에서 나타났으며, 그중 일부는 정당과 정치 조직을 만들어서 선거에서 승리하기까지 했다. 최근 몇 년 사이에 축적된 이러한 경험을 통해 권력과 사회운동, 신자유주의와 채굴주의, 그리고 신자유주의적 세계화에 대해 좀 더 효과적인 방식으로 맞서는 데 필요한 교훈을 도출할 수 있도록 폭넓게 성찰해야 할 것이다.

라틴아메리카에서 일어난 진보정부들의 발흥은 세계화를 해체하기 위한 다양한 기획들을 촉진하는 데 도움이 되었다. 그러나 이들을 탄생시킨 사회운동 조직들이 이들 정부에 대항하는 자율성을 상실함으로써 운동이 약화되는 귀결을 맞고 말았다. 더욱이 점거운동, 분노한 사람들, 아랍의 봄 같은 새로운 운동들의 출현은 매우 중요했지만 그 결과는 다양했다. 어떤 경우에는 성과가 일시적이었다. 스페인과 그리스 같은 경우에는 정치조직을 만들어냈지만, 이집트 같은 또 다른 경우는 매우 모순적인 결과가 빚어졌다.

더욱이 일반적으로 '선진국' 또는 북부국가보다 '개도국' 또는 남부국가에 지원을 제공하는 전략은 재고되어야 한다. 남부국가들의 행동 배후에는 이 나라들의 '발전할 권리'에서 이득을 얻고 이윤을 챙기는 새로운 엘리트나 기업들을 볼 수 있다는 점에 유의해야 한다. 마찬가지로, 남반구의 여러 국영기업들은 자연자원과 노동권과 관련하여 사기업과 다를 바 없이 행동한다.

여태껏 세계무역기구와 자유무역협정에 맞서는 투쟁 전략은 언제나 자본주의 국가들 사이와 서로 다른 부문의 자본가들 사이의 이해관계의 대립을 활용하여 협상을 방해하는 것이었다. 자기 나라를 세계의 나머지 나라들보다 우위에 두는 민족주의적 신자유주의 정부들의 출현은, 활용할 수 있고 활용해야만 할 새로운 대립을 만들어낼 것이다. 하지만 우리가 활용하려는 것은 자신만의 이해관계에 맞추어 세계화를 끌고 가려는 여러 자본 분파들 사이의 대립이라는 사실을 명심해야 한다.

오늘날 신자유주의적 세계화의 해체 과정은 훨씬 복잡해졌으며, 단지 무역과 관계있는 요소들뿐 아니라 전체로서 다루어져야 한다. 무역협정은 중단될 수 있다 하더라도, 자연자원의 수탈, 사회보장의 배제, 기본권의 하락이 가속화되고 있다. 세계화에 맞서는 투쟁을 신자유주의의 구성요소 중 단지 하나에 대한 투쟁으로 국한하는 것은 심각한 오류가 될 것이다. 가장 중요한 것은 특정한 이슈에 초점을 두는 고립되거나 분산된 운동들을 넘어 세계화의 새로운 국면의 구성요소들을 전체로서 대면하면서 지구적, 대륙적, 국가적, 지역적 그리고 개인적 차원을 더 효과적으로 결합시키는 새로운 융합의 과정을 촉진하는 것이다.

/ 세계화에 대한 대안들

탈세계화에 접근하는 데 있어 핵심은 삶의 다양한 차원들을 유지하고 생동하도록 해주는 새로운 형태의 국제적 및 지역적 통합을 이루어내는 것이다. 탈세계화를 위한 대안들은 해를 거듭하며 진화하고 풍부해져 왔다. 첫째, 탈세계화를 위한 제안들은 국민국가들이 세계화의 측면에서 그들의 주권과 의사결정 역량을 보전하기 위해 해야 할 일에 무게중심을 둔다. 이제 탈세계화는 자본의 세계화 과정을 심화하는 데 일조한 국가들이 취하는 조치로 가능하지 않다는 게 분명해졌다.

세계화의 새로운 국면을 맞이한 지금, 탈세계화 제안에서 중요한 부분 중 하나는 민족성, 종교, 문화, 경제적 지위, 성과 인종과 상관없이 개인의 자유로운 이동이 가능하도록 경계를 없애는 것이다. 탈세계화에 주요하게 필요한 것은 사람들의 자유로운 이동을 막는 제한과 장벽을 없애는 것이다. 탈세계화된 세계는 폭력의 희생자에서 실업자까지, 자연재해의 영향을 최전선에서 받아 집과 생계수단을 잃은 이들까지, 이들 모두가 연대하는 세계다. 다양한 인류 사이에 우애가 없다면 세계는 통합될 수 없다. 탈세계화 과정의 핵심은 모든 단위에서 관용과 수용과 연대를 진작하는 일이다.

따라서 탈세계화를 이루려면 지구 시스템과 우리의 관계가 근본적으로 변화해야 한다. 탈세계화는 자연의 한계와 생명 순환에 대한 인식과 존중을 수반한다. 이는 지구가 우리의 집이며, 우리가 이미 겪고 있는 생태적 불균형을 심화시킬 경제적, 지정학적 또는 기술적 활동이 허용되어서는 안 된다는 것을 전제로 함을 의미한다. 탈세계화를 위해서는 지구 시스템이 국가나 민족의 이해보다 위에 있음을 전제로 해야 한다. 결국 탈세계화는 우리가 경제를 탈탄소화하고, 산림 파괴와 생물다양성 파괴를 멈추고, 물을 관리하고 다양한 생태계를 보존할 때만 이루어질 수 있다. 자연과 인적 자원을 더 많이 착취하기 위한 신자유주의적 세계화를 촉진하는 자본주의와 반대로, 탈세계화는 전체로 통합되는 과정 속에서 인간과 자연 둘 다에게 우선순위를 부여한다.

탈세계화는 무역 또는 상품과 서비스의 교환을 반대하지 않지만, 지역공동체, 지역과 국가 경제 그리고 농업이든 공업이든 그 생산물의 다양성을 훼손하는 것을 대가로 하지 않는 무역을 제안한다. 한 치수의 옷을 강요하는 구조조정 프로그램 정책은 국가들을 특정한 환금작물이나 상품의 생산자가 되도록 밀어붙인다. 그럼으로써 인민의 요구를 충족시키고 먹여 살릴 수 있도록 다양성을 유지하고 자립할 수 있는 국가의 역량을 파괴한다. 탈세계화는 모든 정치적·경제적 결정들이 문제와 가장 가까이 있는 정치 단위 수준에서 채택되어야 함을 확인하는 보완성의 원칙principle of subsidiarity*을 기본으로 한다. 지역의 사정을 가장 잘 알고 있고 의사결정의 결과를 가장 먼저 감내하게 될 이들이 가장 먼저 의견을 내고 자신들의 입장을 말해야 한다. 지역 범위에 영향을 주는 정치적 또는 경제적 결정은 근본적으로 지역 차원에서 이루어져야 하며, 이 의사결정 권력은 정말 불가피할 때에만 국가적, 광역적 또는 지구적 수준으로 이양되어야 한다. 탈세계화는 실질적인 민주주의가 이루어지지 않고서는 이룩할 수 없다. 전략적인 정치적, 경제적, 환경적 결정들은 가능한 한 가장 광범위하고 민주적인 참여로 이루어져야 하며 시장이나 국가 기술관료들이 결정하게 해서는 안 된다.

　지역공동체, 지방 또는 국가의 생산은 수출을 위해서가 아니라, 기본적으로 해당 지역 인구의 필요를 충족시키는 방향으로 이루어져야 한다. 경제는 지구 생태계를 더욱 황폐하게 만들 채굴주의에 기반을 두어서는

---

* 　유럽연합이 1992년에 마스트리히트 조약 5조로 포함시켜 기본원칙 중 하나로 채택한 것으로, 특정 회원국(지방)과 관련된 어떤 사업 수행을 결정하기에 앞서 중앙에서 그 일을 할 때 해당 지방에서 하는 것보다 뚜렷한 이점이 있지 않는 한 지방에 맡겨두는 것을 의미한다.─옮긴이

안 된다.

이제는 무역 정책을 모든 나라에 동일하게 적용해서는 안 된다. 정어리에게 상어와 경쟁하라고 요구해서는 안 된다. 이러한 맥락에서, 무역과 투자 규칙은 초국적 자본, 식민주의 그리고 초강대 권력의 개입 때문에 경제와 농업 부문이 취약해진, 가장 작은 경제와 국가들에 유리하도록 비대칭적이 되어야 한다. 의도적으로 가격을 낮게 책정하는 대기업들의 지원을 받는 제품 수입으로부터 지역경제를 보호하기 위해 할당량, 관세, 보조금 같은 무역 정책들이 활용되어야 한다.

인간 생존에 핵심인 먹거리 생산은 시장의 규칙에 내맡겨져서는 안된다. 탈세계화의 대안들은 세계적으로 2억 명의 회원이 결집되어 있는 비아 캄페시나La Vía Campesiana가 수호하는 먹거리주권의 원칙과 같은 선상에 있다. 2007년에 말리에서 열린 제1회 먹거리주권 국제 포럼에서 승인된 닐레니 선언은 다음의 구절을 담고 있다.

"먹거리주권은 생태적으로 건전하고 지속가능한 방식으로 생산된 건강하고 문화적으로도 적절한 먹거리에 대한 민중들의 권리이며, 또한 민중들 스스로 고유한 먹거리와 농업 체계를 결정할 권리다. 먹거리주권은 먹거리 체계와 정책을 시장과 기업의 요구가 아니라 먹거리를 생산하고 공급하며 소비하는 사람들의 열망과 필요를 한가운데에 놓는다. 먹거리주권은 다음 세대의 이해와 통합을 수호한다. 먹거리주권은 현재 기업 주도 무역과 먹거리 지배체제에 맞서는 전략과 함께, 지역 생산자와 이용자들이 결정하는 먹거리, 농업, 목축 및 어업의 방향을 제시한다. 먹거리주권은 지역 및 국민 경제와 시장을 우선시하고, 소농과 가족농 주도 농업, 전통적 어업, 방목형 목축 그리고 환경적사회적경제적·지속가능성에 기반을 둔 먹거리 생산, 공급, 소비의 역량을 키운다. 먹거리주권은 모든 민중에게 공정한 수입을 보장할 투명한 무역뿐만 아니라 소비자가 그들의 음식과 영양섭취를 통제할 권리를 증진한다. 먹거리주권은 우리의 토지, 영토, 물, 종자, 가축, 생물다양성을 이용하고 관리할 권리가 먹거리를 생산하는 이들의 손에 있다는 점을 보장한다. 먹거리주권은 남성과 여성, 사람들, 인종 집단들, 사회적경제적 계급들, 세대들 사이에 억압과 불평등이 없는 새로운 사회관계를 함축한다."(Declaration of Nyéléni, 2007)

탈세계화는 농업, 제조업, 커뮤니케이션, 정보기술의 영역에서 발전하고 있는 다양한 유형의 공동체에서 쌓인 경험에 기반한다. 탈세계화에 있어 세계화의 대안은 아직 오지 않은 무엇이 아니라, 사회에 이미 다양한 형태로 존재하고 있는 기획들이다. 하지만 월든 벨로가 말하듯, "시장 체제는 거대한 초국적기업들의 지배를 받기 때문에 이러한 대안들 중 다수는 스스로를 지탱하거나 원래의 목적을 지켜가는 데에 커다란 어려움을 겪어왔다."(Bello, 2013)

따라서 이러한 지역적 경험들을 지켜내고 일반화하는 것에서 한발 더 나아가서, 탈세계화를 이루기 위해서는 우리가 자본의 힘을 이겨낼 수 있도록 해줄 조직과 협력의 새로운 메커니즘과 형태가 필요하다. 국가 차원에서는 탈세계화의 교의에 영향을 받은 다음과 같은 기획들이 출현했다.

- 볼리비아, 베네수엘라, 에콰도르는 세계은행의 국제투자분쟁해결 센터ICSID에서 철수
- 볼리비아의 모든 양자간 투자협정의 폐기를 위한 근거를 마련한 볼리비아 다민족국가의 새 헌법 장치들
- 양자간 투자협정의 개정, 폐기 또는 갱신 중단과 무역협정에서 국가—투자자 분쟁해결 조항에 대한 문제제기와 거부
- 2009년 볼리비아와 멕시코 사이의 자유무역협정FTA을 재협상해, 지적재산권·투자·정부조달 등을 삭제하고 상품과 서비스에만 관련되는 무역협정으로 대체

하지만 지난 30년간의 경험은 이러한 부분적이거나 특수한 대안들은 결국에는 세계화와 공존할 수 없다는 것을 보여준다. 이런 대안들은 자본의 논리와 단절하는 더 깊고, 넓고, 다양한 다른 대안들에 의해 확장되거나 보완되지 않을 경우 종종 고립되고, 구석에 몰리며, 왜곡되거나 세계화에 흡수되고 말았다.

따라서 탈세계화는 본질적으로 반자본주의적인데, 왜냐하면 모든 생

명을 존중하는 통합은 자본주의의 틀거리 내에서 가능하지 않기 때문이다. 탈세계화는 소수의 손에 극도로 집중되어 있는 생존 자원이 정의롭게 재분배될 수 있는 폭넓은 과정을 추구한다. 이 재분배 과정에는 과세 정책과 자본 통제, 징발, 국유화, 전면적인 토지와 도시 개혁, 금융 파생상품과 조세 회피처 축출, 그리고 자본에 대한 통제를 확대하고 사회화하는 수단의 채택이 포함된다.

사회가 금융 체제를 소유하고 민주적으로 통제해야 하며, 달러의 우월적 지위를 끝내기 위해서 지역 준비통화 창설을 포함하는 새로운 준비금 제도에 기반을 둔 국제통화체제를 구축해야 한다. 또한 민중을 억압하고 사기업의 이해를 키우는 기능을 해온 국가부채도 탕감되어야 한다. 정의롭고 자주적이며 투명한 신용 체제도 수립되어야 한다(Economy of Life, 2013).

탈세계화는 사회 세력이 국가권력을 장악하거나 바꾸어내지 못한다면 제대로 가지를 뻗을 수 없다. 탈세계화의 이행 과정에서는 서로 다른 수준들에서 개혁과 혁명이 결합한다. 민중이 현재와 미래에 자신들의 역량을 보장받고 효과적인 참여를 하는지가 진보의 주요 지표다. 이행 과정이 지체되거나 퇴행하지 않도록 하기 위해서는 공기업의 국가자산 운영의 민주화, 소비자를 생산자로 바꾸기 위해 존재하거나 발전 중인 공동체들의 강화, 사회의 자기조직과 자주관리 강화, 부패와 족벌주의 척결이 핵심이다.

지역과 국가 차원의 변화들은 자연에 뿌리를 두고 자유시장이 아니라 상호보완성에 기초하는 새롭고 좀 더 넓은 통합 과정을 향해 하나로 모인다. 한 나라가 대안 모델의 수립을 진전시키는 유일한 방법은 같은 길을 걷는 다른 나라들과 힘을 합치는 것이다.

점점 다극화되는 세계에서, 세계화 과정의 모순을 드러내지만 신자유주의적 세계화의 본질에 대해서는 의문을 제기하지 않는 몇몇 지역 통합이나 지역 동맹들이 있다. 이것은 시장과 지구 자원의 먹잇감을 놓고 싸움을 벌이는 민족자본가들이 추동해서 만든 것들이다. 예를 들어 브릭스BRICS(브라질, 러시아, 인도, 중국, 남아프리카공화국)가 그러한데, 그들이 취한 조치들 중 일부는 미국과 유럽의 주도권에 도전한다는 점에서 어느 정도 진보적으로 보일 수 있지만, 신자유주의적 세계화 과정에 대한 진정한 대안은 되지 못한다. 그럼에도 세계화의 현재 국면에서, 우리는 '나의 적의 적은 나의 친구'라는 생각의 덫에 빠져서는 안 된다. 오늘날 세계에는 어떤 단일한 지배적 경제 권력이 존재하지 않는다. 미국과 유럽 자본과의 공공연한 싸움 속에서, 중국, 러시아, 인도 그리고 브라질과 남아프리카공화국 같은 여타의 지역적 하위제국주의 세력들이 들어서는 것이다.

베네수엘라, 에콰도르, 볼리비아, 쿠바, 니카라과 등의 통합인 아메리카를 위한 볼리바르 동맹ALBA 프로젝트는 시장 경쟁이 아니라 상호보완에 기반을 둔 차별화된 시도였다. 하지만 희망했던 만큼 성공적이지는 못했다. 그 까닭을 살펴보자면 하나는 채굴주의에 기반을 두었다는 것,

또 하나는 사회운동의 자기결정 역량을 약화시키는 지대추구 논리*를 조장했다는 것이다. 대안적 통합을 위해서는 무엇보다도, 다양한 사회 부문들의 자기조직과 자주관리 경험을 강화함으로써 그들이 기본적 필요를 충족하고 소비주의 경향과 더불어 신자유주의의 가장 강력하고 보이지 않는 힘인 현대성의 이미지를 극복할 수 있도록 하는 국가 프로젝트를 실행해야 한다.

신자유주의적 세계화의 대안이 되는 통합 모델은 자본주의 체제 내에서는 성공할 수 없다. 초국적기업들TNCs을 배제하는 혼합 경제는 상상할 수 없다. 초국적기업들과 금융자본은 자본주의의 첨병이다. 혼합 또는 복합 경제는 자본의 논리에 지배받지 않은 지구 경제에서만 번성할 수 있다. 따라서 탈세계화 대안들이 어떤 면에서는 개혁적인 것으로 보일 수 있지만, 이를 공고히 하고 한발 더 나아가기 위해서는 점차 더 반자본주의적 성격을 분명히 해야만 한다.

오늘날 세계화를 지배하는 국제기구들은 개혁이 불가능하다. 그들은 해체되고 다른 존재논리(모든 인간의 이해에 봉사하고 균형 잡힌 생태계를 보장하는 존재논리)에 따라 창설되는 새로운 것으로 대체되어야 한다. 국제통화기금, 세계은행 그리고 세계무역기구를 중심으로 하는 낡은 기구들의 틀거리를 대체할 수 있는지는 주로 지역적 또는 국제적 차원의 대안 체제의 발전에 달려 있을 것이다. 이러한 새로운 국제 체제는 국가 차

---

*   특혜를 기대하는 자세—옮긴이

원에서뿐 아니라 지구 사회 전체의 차원에서 진정한 민주주의의 작동을 확장해야 한다. 의사결정권을 민중의 손에 넘겨주는 전환을 이루지 않고서는 세계화에 대한 대안적인 형태의 통합이 본격화되기 어렵다.

세계화에 대한 대안은 경제적 차원만으로는 모색될 수 없으며, 무역과 관련한 사안만 다루어져서는 더더욱 구축하기 힘들다. 탈세계화는 정치적, 사회문화적, 성과 환경적 차원 등 다중적인 성격을 갖는다. 이러한 틀거리 속에서, 탈세계화가 맞닥뜨린 가장 큰 도전은 기후변화에 과학적 기준을 토대로 대응할 수 있는, 실제로 구속력 있는 국제 협정과 체제를 만들어내는 일이다.

탈세계화는 세계를 획일화하는 세계화 모델을 모든 나라와 공동체에 보편적으로 적용할 수 있는 다른 모델로 대체하려는 것이 아니다. 탈세계화는 다양성의 포용을 의미한다. 또한 한 국가 차원의 자기결정권을 가질 수 있는 다양한 비전과 형식을 존중하고 촉진할 수 있는 통합을 추구한다.

탈세계화는 완결적인, 그리고 이미 모든 해답을 갖고 있는 그런 제안과는 거리가 멀다. 반대로 사람과 자연의 통합을 이루기 위해 다양한 조망들에서 얻어지는 요소들이 필요한 것이다.

- 파블로 솔론 -

상호보완성
Complementarities

구슬이 서말이라도 꿰어야 보배, 대안을 엮자

***

상호보완성은 서로가 서로를 완성해준다는 뜻이다. 이는 다양성을 바탕으로 하는 전체 whole를 추구하는 것이다. 이는 서로 다른 행위자 간의 대화이다. 이는 서로가 배우고 기여하는 것이다. 이는 각자의 장단점을 파악하고 서로 상호작용하는 가운데 스스로를 변화시키는 것이다. 이는 서로 힘을 합하여 잠재력을 최대한 발휘하도록 함으로써 다양한 차원이 조화를 이루는 전체를 완성하는 것이다.

비비르 비엔, 탈성장, 커먼즈, 생태여성주의, 어머니지구의 권리, 탈세계화가 상호보완성을 추구한다면, 시스템 위기의 대안을 만들어가는 과정에서 긴밀하게 상호작용함으로써 서로에게 도움이 될 뿐 아니라 서로를 더욱 풍부하게 할 수 있다. 목표는 단일한 하나의 대안을 마련하는 것이 아니다. 서로 얽히고 연관되어 있는 다양한 대안들을 총체적 holistic으로 발전시킴으로써, 전체를 구성하는 다양한 요소들의 변화에 어떻게 대처해야 할지를 제시하는 것이다.

/ 시스템 위기, 어떻게 대응해야 할까

우리는 시스템 위기 속에 살고 있다. 이 위기를 해결하려면 여러 측면에서 접근해야 하며 이 접근들이 서로 조합하여 완성도를 높여가지 않는 다면 결코 완전히 해결될 수 없다. 시스템 위기에 대처하기 위해서는 자 본주의, 생산주의, 채굴주의, 금권정치, 가부장제, 인간중심주의에 대한 대안이 필요하다. 이러한 요소들은 매우 밀접하게 연결되어 있고 지구공 동체의 위기를 심화시키며 서로를 더 발전시켜가고 있다. 이러한 상호관 계를 고려하지 않고 각각의 요인을 해결할 방법을 강구해온 점이 우리가 지금껏 저지른 가장 큰 실수다.

만약 자연에 대한 채굴주의와 금권적·가부장적 권력구조의 재생산에 깊이 뿌리내린 생산주의를 벗어나지 못한다면 우리는 자본주의를 극복 할 수 없다. 마찬가지로, 만물을 상품으로 바꾸고 위기를 신규 비즈니스 의 기회로 활용하는 자본의 논리에서 벗어나지 않고서는 지구 시스템의 균형 회복을 생각할 수 없다. 경제를 전환하는 것은 공적인 영역과 사적 인 영역에서 재생산되는 문화적·상징적 가치를 전환하는 것과 긴밀하게 연결되어 있다.

자본의 논리, 생산주의 및 채굴주의의 논리, 권력 집중의 논리, 가부장 제와 인간중심주의의 논리가 우리를 지배하고 있으며, 이는 정치뿐만 아 니라 개인적 관계, 제도, 윤리, 역사적 기억, 미래에 대한 전망 등 모든 것 에 영향을 끼친다. 시스템 위기의 대안을 마련하기 위해서는 우리의 시 각을 바꾸어야 할 뿐만 아니라, 문제를 다각도로 분석하고 대처할 수 있 는 시각을 갖춰야 한다. 서로 관점은 다르지만 생명에 대한 공통의 관심 을 공유하는 다양한 접근, 전망, 철학들 사이의 상호보완성이 이러한 폭넓은 시각을 형성하는 데 크게 기여할 수 있을 것이다.

상호보완성이 작동해야 할 '전체'는 바로 안데스 원주민들이 '파차'라 부르는 지구공동체, 즉 과학자들의 용어로는 '지구 시스템'이다. 경제는 생명이 살 수 있는 지구를 일컫는 생명계에 속한 하위 시스템으로, 탈성장 운동 선구자들은 생명경제bio-economy라는 용어를 쓴다. 자연 외부에서 일어나는 경제활동은 존재하지 않기 때문이다. 지구는 물리적·화학적·생물학적·인간적 요소들로 구성된 자기조절 시스템이다. 인간사회는 끊임없이 진화하고 변화하는 복잡한 시스템을 구성하는, 가장 최근에 등장한 하나의 요소일 뿐이다.

우리가 맞닥뜨린 시스템 위기는 지구라는 존재를 위협하는 것이 아니라 인간을 비롯한 수많은 생명체가 존재할 수 있도록 한 다양한 생태계를 위협하는 것이다. 문제는 농업과 다양한 문명이 생겨나고 존속하는 데 바탕이 된 기후의 안정성이다. 만약 대기, 해양, 토양, 태양열 간의 균형이 계속 바뀐다면 많은 생명체들이 사라지게 될 것이다. 한마디로 말하자면, 우리의 과제는 지구상에서 진행 중인 여섯 번째 멸종을 늦추고 중단시킬 시스템 대안을 세우는 것이다.

/ 자본세와 플루토세

이러한 불균형은 자본주의 체제를 탄생시킨 산업혁명에서 시작되어

지난 수십 년 동안 더욱 가시화되고 분명해졌다. 몇몇 논자들은 이러한 불균형이 인간 활동 탓이라고 말한다. 하지만 이러한 주장은 진실을 가리는 연막일 뿐이다. 실제로는 단 8명이 인류의 가난한 절반인 36억 명과 동일한 부를 소유하고 있기 때문이다(Oxfam, 2017). 그렇기 때문에, 이 같은 지구적 재앙 속에서 마치 모든 인간에게 똑같은 책임이 있는 듯이 이 시대를 '인류세'라고 부르는 것은 결코 온당치 않다. 인간 존재를 나락으로 몰고 가는 것은 바로 가장 부유하고 힘 있는 한 줌의 인간들이기 때문이다.

그보다는 자본세Capitalocene나 플루토세Plutocene, 아니면 자본의 논리와 극소수의 부자들 손에 집중된 권력이 갖는 파괴적인 힘을 잘 드러내는 다른 명칭을 사용해야 한다. 홀로세Holocene*의 종말을 야기하는 것은 일반적인 의미에서의 인간 활동이 아니라, 특정한 유형의 시스템(자본주의, 생산주의, 채굴주의, 금권주의, 가부장제, 인간중심주의)이다. 이것이 인간 생명의 모든 영역에 침투하여 비인간 생명을 단순한 상품이나 자원으로 바꾸어 놓고 있다.

우리는 어떻게 지구의 균형을 회복하고 모든 인류의 근본적인 필요를 충족시킬 수 있을까? 녹색경제가 제안하듯 자연을 파괴하지 않으면서도 성장을 이룩하면 가능할까? 탈성장은 그러한 주장이 신기루임을 분명히

___

* 홀로세는 약 1만 년 전부터 현재까지의 지질시대를 말한다. 충적세(沖積世) 또는 현세(現世)라고도 부른다. 지질시대의 마지막 시대 구분이다. 플라이스토세 빙하가 물러나기 시작하면서부터로, 신생대 제4기의 두 번째 시기이다.—옮긴이

한다. 물질적 토대와 단절된 성장은 존재하지 않는다. 기술 발전과 효율성의 증진은 소비를 줄이기는커녕 오히려 늘린다. 그렇다면 앞으로 가야 할 길은 어떤 것인가? 비비르 비엔은 성장에 대한 핵심 대안으로 역동적 균형상태dynamic equilibrium를 추구할 것을 제시한다. 경제적 진보와는 다른 문명의 새로운 지평으로서 인간들 간에, 그리고 인간과 자연 간에 조화를 이루는 것을 목표로 삼는다. 이를 위한 과제는 끊임없이 더 많이 갖는 것을 목표로 개발을 추구하는 것이 아니라, 인간들 간에 그리고 인간과 자연 간에 상호보완을 추구함으로써 시스템의 균형을 다시 맞추는 것이다. 즉, 역동적 균형이란 새로운 모순을 낳으면서도 새로운 균형의 과정을 필요로 하는 균형을 의미한다. 새로운 근대성은 성장에 기반을 둔 자본주의적 근대성을 낡은 것으로 만들어버린다. 새로운 패러다임은 다른 인간과 자연을 탈취해서는 안 되며 오히려 전체를 이루는 모든 부분들의 적절한 결합을 이루어야 함을 강조한다.

/ 역동적 균형상태와 커머너즈the commoners

이러한 균형상태를 추구하기 위해 몇몇 부문과 지역에서는 탈성장이 필요하며, 다른 부문이나 지역에서는 또 다른 방식의 성장이 필요하다. 하지만 무엇보다도 성장의 논리에서 벗어나 역동적 균형상태를 추구해야 한다. 재생가능 에너지를 늘리고 화석연료를 줄여야 한다. 또한 남반구와 북반구 양쪽 모두에서 부의 거품 속에 들어 있는 과소비를 줄이고, 인구의 대부분에게 필요한 영양 및 필수 서비스의 수준을 높여야 한다.

균형상태는 부와 권력을 재분배하지 않고서는 이룰 수 없다. 만인에 대한 복지는 극소수의 손에 자원이 절대적으로 집중되어 있는 상태를 타파하는 경우에만 가능하다. 몰수와 사회화의 과정이 없다면 사회정의를 이루고 자연을 약탈하지 않는 균형상태를 회복하는 것은 절대 가능하지 않다.

하지만 그렇다고 해서 거대 사적 소유주들의 자본주의에서 '사회주의' 기치를 내건 국가자본주의로 이행하자는 것은 아니다. 지난 세기의 경험을 통해 국가가 모든 영역을 통제하는 것이 자유시장에 대한 대안이 아니라는 점은 분명해졌다. 재분배가 효과가 있으려면 시장과 국가가 아닌 다른 행위자들이 중심에 놓여야만 한다. 이것이 바로 커먼즈의 커다란 몫이다. 스스로 조직하고 스스로 관리하는 커머너들이 없다면 실질적이고 지속적인 재분배는 없다. 이는 더 나은 분배의 문제일 뿐만 아니라, 생명 자원들을 다른 적절한 방식으로 관리하는 문제이기도 하다. 비비르 비엔이 지적하듯이, 인간의 역할은 자연이 우리에게 부여한 지혜를 갖고서 조심스럽게 균형상태를 찾는 데 기여하는 다리, 즉 중재자가 되는 것이다. 이러한 관점에서, 생산수단(민간은행, 초국적기업, 농기업, 화학기업, 군수복합체 등)을 사회화하는 것으로는 충분치 않다. 자연의 순환을 존중하도록 생산수단을 완전히 전환하고, 채굴주의, 생산주의, 지식의 사유화, 생물다양성의 상품화, 대량살상무기의 개발 등과 단절해야 한다.

마르크스가 보기에, "발전의 특정한 단계에서는 사회의 물질적 생산력이 지금까지 작동했던 틀 속에서의 기존의 생산관계(법률용어로 표현하자면 소유관계)와 갈등을 빚게 된다. 생산력이 발전하게 되면서 이러한 관계가 족쇄로 바뀐다. 그러면 사회변혁의 시대가 시작된다."(Marx, 2010). 그러면 과제는 생산관계(법률용어로는 소유관계)를 변화시킴으로써 생산력의 발전을 가로막지 않도록 하는 것이다.

마르크스는 생산관계의 변혁을 강조했지만 생산력의 변혁은 강조하지 않았다. 1859년에 등장한 이러한 전망은 백 년 전 많은 좌파 정당들에게 영감을 불어넣었다. 하지만 오늘날 우리는 지구적 재앙에 직면하고 있다. 이제는 생산관계와 소유관계를 변혁하는 것만으로는 충분치 않다. 그와 함께 인류와 자연의 파괴에 기여하고 있는 몇 가지 생산력을 변혁하고 제한해야 한다.

유한한 지구에서 생산력이 무제한으로 성장하는 것은 불가능하다. 자본주의의 유산은 사회친화적·환경친화적인 방식으로는 관리될 수 없다. 채굴주의는 절대 지속가능할 수 없다. 자연에 대한 약탈을 중단하지 않는다면 인류의 미래는 없다. 자연에서 무언가를 취하는 모든 과정에서 균형을 유지하고 파괴를 복구할 필요성을 인식해야 한다.

비비르 비엔은 우리를 지배해온 많은 개념들에 의문을 던짐으로써 매우 뼈저린 성찰을 안겨준다. 즉, 엄밀한 의미에서의 생산력은 유일하게 어머니지구인 자연이라는 점, 자연은 창조자이나 인간은 그 과정에서 경작자, 촉진자, 돌봄자일 뿐이라는 점, 인간은 물, 석유, 산소를 만들어내지 못한다는 점, 인간은 이러한 물질들을 이용할 수는 있지만, 항상 깊은 존중감을 가져야 한다는 점이다.

이러한 견해는 기술의 진화를 통해 그 어떤 일도 가능하며 심지어는 새로운 창세기도 가능하다는 헛된 환상(합성생물학의 몇몇 옹호론자들이 기존에 전혀 몰랐던 완전히 새로운 생명체를 창조할 수 있다고 주장하듯이)에 대하여 의문을 제기한다. 인공생명을 위한 과학인 제너시스 프로젝트는 만약 인간이 빛을 내는 나무를 만들어낼 수 있다면 길거리에 가로등이 무슨 소용이냐고 묻는다. 적절한 유전자 코드를 염색체에 각인시켜 바이러스와 질병으로부터 스스로를 영구히 보호할 수 있다면 정말로 경이로운 일이 아닐까? 거시적인 수준에서는 인류가 지구온난화에 맞서기 위해 지구공학을 통해 기후를 행성적 규모에서 조작하는 것이 가능하다고 주장한다. 즉, 대기에 황 화합물을 채울 거대한 굴뚝을 건설해 태양광선을 차단함으로써, 마치 화산폭발이 일어날 때와 마찬가지의 상황을 만들어 지표면을 식히면 된다는 것이다.

지구공학에 대한 모라토리엄(시험 유예)이 대두되었는데도 현재 관련 실험들은 이미 진행되고 있으며, 만약 더 확산된다면 생명과 지구 시스템에 예측할 수 없는 결과를 가져올 수도 있다. 우리의 어머니지구를 돌보지 않고 왜 이처럼 위험한 기술들을 포용하는가? 왜 이산화황에 의한 오염을 감수하면서까지 대기 중의 이산화탄소 증가에 맞서 싸우려 하는가? 자연의 순환을 바꾸려 노력하기보다는 이를 존중하는 것이 훨씬 더 현명한 일 아닌가?

비비르 비엔, 어머니지구의 권리, 생태여성주의와 탈성장과 같은 전망들이 보여주는 성찰은 타당한 것임에도 자본의 논리에 따르자면 수용할 수 없는 것들이다.

/ 자본과 성장의 논리

자본은 사물이 아니며, 돈도, 기계도, 부동산도 아니다. 자본은 오직 이윤을 창출하고 스스로를 불리기 위해 투자될 때에만 존재가치를 갖는다. 그래서 자본은 일종의 과정process이다. 성장하거나 이윤을 얻지 않는 자본은 시장에서 퇴출된다. 자본은 스스로의 소멸을 뜻하는 한계를 수용하도록 제약을 받을 수 없다. 자본은 지속적으로 더 팽창하고 자본으로서 계속 존재하기 위해 더 큰 새로운 이윤을 영원히 추구한다.

마르크스에 따르면 다음과 같다.

"단순 상품순환(구매를 위해 판매하는)은 순환, 즉 사용가치의 전유(욕구의 충족)와 연결되어 있지 않은 목적을 수행하는 하나의 수단이다. 화폐가 자본으로서 순환하는 것은 그와는 반대로 그 자체가 목적이다. 왜냐하면 가치의 확장은 이처럼 끊임없이 갱신되는 운동 속에서만 일어나기 때문이다. 따라서 자본의 순환에는 한계가 없다."(Marx, 2007)

끝없이 성장을 추구하는 것은 자본주의의 필수불가결한 조건이다. 성장 없이는 자본이 자기실현을 할 수 없다. 자본은 자신의 존재를 위해 인간에 대한 착취를 더욱 강화하고, 무제한적인 채굴주의와 생산주의에 호소한다. 또한 소비주의를 창출하고 심화하며, 비합리적인 낭비를 불러일으킨다. 만국에 대한 식민주의에, 갈등과 전쟁에, 금융투기에, 모든 물질적·비물질적 과정 및 재화의 상품화에, 자연의 금융화에, 그리고 생명과 지구 시스템에 대한 기술의 우월성에 호소한다.

이러한 모든 메커니즘들은 얼마간의 시간에 걸쳐 자본이 이윤을 회복하고 늘릴 수 있게 해준다. 하지만 성장은 곧 정체하고 후퇴하며 위기가 폭발한다. 자본은 절대 포기하지 않으며, 새로운 시장과 메커니즘을 끊임없이 탐색한다. 자본에게 문제는 우리가 유한한 지구에서 살고 있다는 점, 그리고 축적과정이 얼마나 투기적이건 간에 자본은 만약 소진되게 되면 위기를 촉발할 수도 있는 물질적 토대를 항상 갖고 있다는 점이다. 과거에는 그러한 위기가 일정한 주기를 가지고 발생했다. 하지만 오늘날에는 위기가 항상적인 것이 되었다. 기존 산업국가들의 경제는 이제 거의 성장을 멈추고 정체되어 있다. 시장, 수요, 자원채굴, 새로운 국가와 영토의 식민화 가능성 등에서 동시에 여러 가지 한계에 맞닥뜨리기 시작했다.

이윤을 끝없이 탐하는 자본은 스스로 초래하는 위기를 통해 새로운 돈벌이를 만들려고 한다. 그에 따라 만성적인 위기를 먹고 사는 혼돈의 자본주의가 등장한다. 어떤 사람들은 오늘날 자연에 대해 책임을 갖는 인간적인 자본주의가 있을 수 있다는 환상을 갖기도 하지만, 21세기에 유일하게 가능한 자본주의는 야만적인 자본주의라는 점은 분명해 보인다. 자본이 궁극적으로 존중하는 규제란 존재하지 않는다. 자본은 탈출해서 팽창할 뒷문을 항상 찾아낸다. 이것이 자본의 논리이며, 그래서 균형, 자연 순환의 존중, 탈성장을 거론한다는 것은 자본에 대한 모독이나 다름없다.

자본의 논리는 그 자체만으로 작동하지 않는다. 이는 인간중심주의, 가부장적 사회구조와 문화, 극소수의 손에 집중된 부, 민주적 형태로 포장된 금권정치, 소비주의적 근대성, 경쟁과 개인주의에 바탕을 둔 가치에 대한 새로운 상상으로부터 성장한다. 국가가 자본을 몰수하고 사회화하는 것만으로는 자본이 갖는 생산주의적이고 채굴주의적인 본질을 바꾸지 못할뿐더러, 오히려 이를 강화하고 악화시킬 수 있다. 그래서 사회변혁이 경제나 재산권 수준에서만 작동해서는 안 되는 것이다. 그러한 수준이 필수이긴 하지만 결정적인 요소는 아니다. 자본의 논리는 국가가 대규모 사유재산의 대부분을 국유화하는 경우에조차도 계속해서 작동할 수 있기 때문이다.

/ 미래에 대한 새로운 전망

자본주의를 극복하려면 근대성에 대한 새로운 전망이 필요하다. 그래서 탈성장이라는 전망을 목표로 하는 소박한 사회를 제안하는 것이 중요하다. 이는 소비자원을 사용할 때 검소하고 신중하며 아끼고 절약하는 단순하고 겸손한 사회다. 아니면 비비르 비엔이 표방하듯이 인간들 간에 서로 경쟁하고 착취하는 것이 아니라, 인간들 간에 조화를 증진하는 사회다. 사회 변혁의 과정에서 가장 중요한 것은 미래에 대한 전망을 어떻게 세울 것인가 하는 것이다. 만약에 그 목표가 모든 인간이 자본가나 중상류층처럼 소비하면서 사는 것이라면, 자본의 논리와 무제한적 성장에서 절대 벗어날 수 없을 것이다.

소비주의를 자극하지 않고 인류의 기초적 필요를 충족시키기 위해서는 사회가 자기조직적이고 자율관리되어야 한다. 사회가 어떻게 나아가야 하는지에 대해 아래에 있는 자들은 단지 따르기만 하도록 국가가 위에서부터 통제한다면, 권위주의만 더욱 심해지면서 갈등이 심화되는 결과를 가져올 것이다. 몇몇 측면들은 국가가 통제할 수 있고 또 해야 한다. 그러나 생명의 원천을 소박한 방식으로 점차 의식적이고 조직화된 방식으로 관리하는 것은 무엇보다도 사회이어야 한다. 사회 변혁의 열쇠는 커머너들이 쥐고 있다. 그들이 균형, 절제, 소박함을 중심으로 과거와는 다른 근대성을 건설할 수 있는가 하는 그들의 역량에 달려 있다.

현대 국가와 자본은 소유와 성장을 사랑한다. 소유의 차원에서 보면, 사적 소유와 국가 소유 간에 명백한 모순과 긴장이 존재한다. 하지만 궁극적으로는 양자 모두 소유 개념에 속하지, 커먼즈 개념이나 생명과 자연에 있어 핵심 부문들에 대한 집단적, 자율적 관리에 속하지 않는다. 성장에 관하여 자본과 국가는 서로 간에 마찰이 있기는커녕 대부분 밀월관계다. 양자 모두 더 많은 소비와 생산을 원하며, 그에 따라 더 많은 채굴주의가 필요하다. 성장이 더 커질수록 이윤도 커지고 세금도 커진다. 양자 모두 힘의 원천을 성장에서 찾는다. 그렇기 때문에 끝없는 성장이 안고 있는 문제에 대한 핵심적인 해법은 국가에서도 자본에서도 나오지 않을 것이다. 그보다는 아마 커먼즈로부터, 그리고 자각적이고 조직화된 자율관리로부터 나올 것이다. 우선은 지역에서 시작되어 점차 국가적이고 지구적인 시각으로 옮겨갈 것이다.

/ 지구적 전환과 개인적 전환

탈세계화는 근본적인 전환을 이루기 위해서는 이러한 과정을 국경을 넘어 확장하는 것이 반드시 필요하다는 점을 강조한다. 지구적 자본주의를 해체하지 않고서는 비비르 비엔과 커먼즈의 효과적이고 온전한 실현을 생각할 수 없다. 사람들 사이를 가로막는 국경과 장벽이 번성할수록 이는 세계 자본주의의 지배에 기여한다. 이런 점에서, 지역에서 전환이 활성화되기 위해서는 국가 및 지구적 차원에서 변혁의 과정에 개입해야 한다. 기존의 산업국가와 신생 산업국가들은 지구적 자본주의를 극복하는 데 핵심 역할을 수행한다. 경제적·정치적 권력의 중심에서 전환의 과정이 이루어지면 나머지 세계에 엄청난 영향을 미칠 것이기 때문이다. 탈성장이 잘 지적하고 있듯이, 제한 없는 성장과 생산주의라는 암적인 개념이 만들어진 국가들에서 그러한 일이 일어나지 않는다면, 이러한 패러다임의 확장을 사고하는 것은 불가능하다.

전 세계적인 대안의 건설은 끊임없이 진화하고 있다. 세계 자본주의는 정적인 시스템이 아니라, 끊임없는 적응과 재구성의 과정에 있다. 따라서 탈세계화 제안의 가장 큰 의의는 그것이 세계화 과정의 단계 및 국면들을 분석해야 할 필요성을 부각했다는 점이다. 커먼즈, 비비르 비엔, 어머니지구의 권리 운동은 현재의 신자유주의적 세계화 과정이 각각의 국면에서 어떻게 진행되고 있는지 제대로 분석된 후 실행되어야 성공할 수 있다.

하지만 개인, 가족, 지역공동체 수준에서 또한 변화가 일어나지 않는다면 진정한 지구적 변화를 실현하는 것은 가능하지 않다. 생태여성주의가 기여한 바 중 하나는 공공 영역과 민간 영역에서의 변화들 간에 상호보완이 필요하다는 점을 강조한다는 것이다. 만약 그와 동시에 가장 내밀한 삶 속에서 인간관계가 혁명적으로 바뀌지 않는다면, 지속가능한 전환은 없다. 공공정책과 사적인 행동 간의 일관성이 근본적으로 중요하다.

성평등 법률을 제정하고 시행하는 것으로는 가부장제를 극복할 수 없다. 그와 동시에 여성, 자연, 남성에 영향을 미치는 가부장제 체계가 만들어낸 문화적·상징적 질서 속에서 변화를 꾀해야 한다. 리더, 당국, 지배자가 일상에서 성차별적 관행을 계속 옹호한다면, 여성이 자신의 신체와 관련한 결정을 하거나 여성 살해와 가정폭력을 범죄로 규정할 권리를 보장하는 규범의 채택은 절대적으로 훼손될 것이다.

가부장적 구조를 해체하는 것은 아주 어려운 일이다. 가정에서 노조, 지역공동체, 정당, 학교, 정부에 이르기까지 모든 단위에 걸쳐 있는 지배적인 가부장적 권력구조로 인해 재생산 과정이 모르는 사이에 눈에 보이지 않게 되었기 때문이다.

자본주의는 거의 대부분의 전자본주의 사회들에서 이미 존재했던 이러한 동력을 악화시켜왔다. 그런 점에서 볼 때, 자본주의의 극복이 반드시 가부장제의 극복으로 이어지는 것은 아니다. '사회주의' 기치 하에서의 국가자본주의의 경험은 자본가의 거대 사유재산을 국유화하거나 몰수한 후에 가부장적 가치체계가 오히려 강화될 수도 있다는 점을 보여주었다.

가부장제에 대한 문제제기가 커먼즈 속에 본질적 속성으로 내재되어 있는 것은 아니다. 전 세계에서 많은 성공적인 커먼즈 경험들은 가부장적 관행을 재생산한다. 예를 들어, 몇몇 토착공동체의 물 관리나 토지 관리와 연관된 커먼즈의 경우에, 즉 커먼즈 참여자들의 회합에서 남성과 여성의 참여가 불균등하고 불평등한 경우를 볼 수 있다.

비비르 비엔과 커먼즈 같은 전망은 가부장적 구조와 문화에 대한 투쟁을 효과적으로 가시화하고 내부화할 때에만 온전하게 꽃필 수 있다. 인간 간의, 그리고 인간과 자연과의 역동적 균형은 가족과 개인의 삶이라는 가장 깊숙한 핵심에 개입할 때에만 가능해진다.

/ 생산과 재생산

생산주의는 모든 사회의 생명들에 필수적인 재생산 노동과 돌봄을 보이지 않는 것으로 만든다. 집과 가정의 돌봄, 음식, 빨래, 감정적 지원, 지역공동체 공간의 유지 등이 바로 여성이 주로 수행하는 재생산 노동이며, 생산주의는 이를 고려하지 않는다. 생산주의는 상품화 가능한 재화나 서비스에만 관심을 갖는다.

생산주의에 있어서 필수적인 것은 자연을 생산물로 전환하고, 적은 시간에 더 많이 생산함으로써 그러한 전환과정의 생산성을 증대하는 것이다. 이러한 과정은 생산자에게 끊임없는 복종을, 그리고 소비자에게는 중독을 불러온다. 이반 일리치는 1978년에 다음과 같이 지적한 바 있다.

"나는 그 위기의 근원이 실패로 끝난 두 가지 중요한 시도 때문이라고 믿는다. 그리고 나는 그 위기를 극복하려면 실패를 인식하는 데서 시작해야 한다고 주장한다. 100년 동안 우리는 기계가 인간을 위해 일하게 만들고 기계가 봉사하는 삶을 위해 인간을 (학교에서) 교육시키고자 노력해왔다. 그러나 지금 기계는 '일하고' 있지 않고, 인간이 기계를 위해 일하는 삶을 살도록 (학교에서) 교육시킬 수 없음이 드러났다. 따라서 그 실험을 수립한 가설은 이제 폐기되어야 한다. 그 가설이란 기계가 노예를 대체할 수 있다는 것이었다. 이러한 목적으로 기계를 사용하면 결국 기계가 인간을 노예화한다는 것은 명백하다."

생산주의는 재생산 노동을 보이지 않게 하는 데 그치지 않고, 노동자를 소외시켰으며 점차 대규모 실업 예비군을 만들어냈다. 우리가 생산주의의 경로를 계속 밟는다면 기계화가 진전됨에 따라 임금노동의 필요성이 줄어들기 때문에, 새로운 세대는 고용의 원천이 점점 더 줄어들 것이다.

실업의 구조적 원인에 맞서기 위해서는 생산주의 논리에서 벗어나서 재생산 노동을 가시화하고 인정하며, 이를 특히 자연과의 균형상태를 회복하는 것과 연결되어 있는 새로운 영역들로 확장해야 한다. 오늘날 건강한 사회와 경제를 이루기 위해서는 자연에 손상을 입힌 불균형을 바로잡는 것이 필수다. 이를 위해서는 숲, 강, 해안, 대기, 지하수 등 지구 시스템의 여러 구성요소들을 회복시키고 돌봐야 한다. 그렇다고 일자리를 창출해야 할 필요성이 줄어들지는 않는다. 오히려 필요성이 커지는 일자리는 생산 영역에 있지 않고 재생산과 생명의 돌봄에 토대를 두는 다른 유형의 일자리다. 우리가 맞닥뜨린 지구의 위급상황에 맞서기 위해서는 수억 개에 이르는 일자리가 필요하다.

재생산과 관련된 일자리는 상품을 만들어내는 것이 아니기 때문에 현재의 세계 자본주의 시스템에서는 인정받지도, 가치를 부여받지도, 보상받지도 못한다. 하지만 우리가 급박하게 필요하다고 느끼는 재생산 일자리에 지불하기 위한 자원이 없는 것은 아니다. 연간 1조5천만 달러가 넘는 국방비용을 획기적으로 줄인다면 수천만 개에 이르는 일자리를 창출할 수 있는 비용을 지출할 수 있다. 오늘날 극소수의 손에 집중되어 있는 부를 재분배한다면 지구의 심각한 불균형을 바로잡는 동시에 생계를 위한 원천을 만들어낼 수 있다. 문제는 이를 위해서는 재생산 노동을 무시하고 상품을 생산하는 활동에만 관심을 갖는 자본의 논리와는 완전히 다른 논리를 포용해야 한다는 것이다.

이러한 맥락에서, 우리는 여성이 가정에서 또 지역공동체에서 행하는 재생산 노동을 인정하고 보상해야 한다. 이뿐만 아니라 지구 생태계에 초래된 불균형을 바로잡기 위한 시도를 하는 가운데 지금껏 전혀 경험하지 못했던 규모로 재생산 노동과 돌봄노동을 증진해야 한다.

/ 권력과 대항권력의 변혁

권력의 문제와 국가권력의 변혁이라는 문제는 앞서 언급한 전망, 철학, 제안들에 의해 다양한 방식으로 분석되어왔다. 비비르 비엔은 권력 문제를 식민화와 탈식민화의 관점에서, 그리고 토착공동체에서 권력을 순환시키는 관행을 통해 다룬다. 커먼즈 운동의 경우 실제 딜레마는 더 많은 국가냐, 더 많은 시장이냐가 아니라 커머너들에게 더 많은 권력을 부여하는 것이라는 점을 강조한다. 즉, 사회의 자기조직, 자율관리, 자기결정을 증진하는 것이다. 어머니지구의 권리는 자연의 차원을 문제에 포함시키고, 자연의 순환과 재생 능력, 자연의 정체성과 통합성을 보전하기 위하여 국가와 사회를 조절하는 규범적 법률이 필요함을 제기한다.

생태여성주의는 국가의 권력구조와 가부장적 권력구조 간의 상호관계를 강조한다. 탈성장은 만물이 한계를 지니며 권력의 논리 역시 이 원칙에서 예외가 아니라는 점을 지적한다. 탈세계화는 초국적기업들이 국가 및 초국가적 권력구조를 장악하고 있음을 강조한다. 이들 모두 국가 권력구조의 변혁이라는 주제에 대해 통찰을 제공해주지만, 이 주제에 대한 논의로 그치는 것은 결코 아니다.

현재의 국가 권력구조를 어떻게 할 것인가? 이 문제에 대해 몇 가지 답이 있는데, 이는 크게 네 가지로 나누어 살펴볼 수 있다.

첫째, '진보적'인 좌파 정부들이 주로 옹호하는 전망이자 매우 흔한 관행으로, 모든 국가기구를 접수하는 것이다. 이러한 정부의 지도자들은 대개 반동적인 반혁명의 위험을 감안하여 정당이 가능한 한 모든 국가기구(행정부, 입법부, 사법부, 선거기구, 기타 경제 또는 인권 관련 국가 통제력)를 확보하고 통제해야 한다고 주장한다. 만약 정부 내의 좌파가 자신들의 통제력을 가능한 모든 국가구조로 확대하지 않는다면, 제국주의 또는 우파 세력이 그러한 공간을 활용하여 방해공작을 펴거나 정부를 전복할 것이기 때문이다. 이런 맥락에서, 정부는 국가의 제도성을 민주화하거나 개선하는 변혁을 이룰 수 있다. 하지만 이는 정부 내 '혁명주의자들'의 권력을 침해하지 않는 선에서만 가능하다.

둘째는 국가의 급진적 민주화를 강조하는 것이다. 국민소환제, 국민투표, 제헌의회, 독립적 국가기구를 통한 기관 간 통제, 참여예산제 및 기타 메커니즘을 통해 시민참여 및 통제를 확대함으로써 관료들의 특권과 부패를 제한할 수 있다. 이러한 입장에서는 이 같은 개혁을 함으로써 국가를 사회에 봉사할 수 있는 도구로 변혁할 수 있다고 본다.

셋째, 여러 사회운동들의 자기결정의 경험이 결실을 맺도록 국가를 거부하고 국가의 폐기를 옹호하는 자주관리 및 아나키스트적 조류의 제안이 있다. 이러한 조류는 모든 국가권력 형태에 뒤따르는 권위주의에 의문을 제기하고 공격하면서, 아래서부터 만들어지는 일련의 공동체적이고 자주관리적인 경험들이 활성화되고 조직화됨으로써 변화가 일어날 것이라고 본다.

넷째, 국가의 실질적 민주화와 사회적 대항권력의 구축을 결합하는 방식이다. 이러한 견해에 따르면, 어떠한 권력구조든 자체의 논리와 동력을 갖고 있어서 권력이 커지면 축적되기 마련이며, 그렇게 되면 이에 대해 균형을 맞출 수 있는 권력구조 외부의 힘이 사라진다고 본다(Solon, 2016). 달리 말하면, 국가의 급진적 민주화를 실행하는 것만으로는 충분치 않다는 것이다.

개인이건 리더이건 간에 진보적이거나 좌파적인 정치세력이 정부에 들어가게 되면 권력의 논리에 매몰되면서 권력의 영속성을 유지하고자 실용적인 결정을 내린다. 그렇기 때문에 국가에게서 독립적인 사회적 권력을 활성화하고 강화해 국가의 급진적 민주화 제안을 보완해야 한다. 국가구조의 일부가 아닌 일종의 사회적 대항권력 말이다. 대항권력은 위원회, 의회, 코디네이터coordinadoras, 코뮌 등 여러 형태를 취할 수 있으며, 국가정책을 통제·감독하고, 방향전환에 압력을 가한다. 게다가 무엇보다도 국가구조에 의존하거나 이를 통하지 않고도 다양한 수준에서 자기조직화와 자율관리가 발전되도록 이를 증진한다. 독립적인 대항권력은 사회에 대한 해방적인 커머닝을 장려하는 동시에 국가를 민주화하기 위한 일련의 급진적 조치들을 지원한다.

어떠한 정치 운동이더라도 권력구조 속에 들어가 이를 변혁하고자 하는 것은 흐르는 모래 속에 들어가는 일이라는 점을 온전히 인식해야 한다. 내부의 특권, 부패의 유혹, 실용적 연대, 자신들의 영원한 권력이 사회 '혁명'의 핵심이라는, 신기루 같은 부정적인 영향과 부작용이 항상 나타날 것이다. 권력의 논리에 매몰되지 않을 수 있는 유일한 길은 자율적인 대항권력의 강화를 장려하는 것이다. 즉, 독재자를 따르는 의존적 논리가 아니라 진정한 자율관리를 추구하면서, 새로운 권력구조 속에서 필연적으로 성장하게 될 보수적이고 반동적인 세력에 대해 균형을 맞출 수 있도록 하는 것이다. 그리고 무엇보다도 중요한 것은 모든 사회에서 커머닝을 장려하는 것이다.

/ 상호보완으로 가는 길

비비르 비엔, 커먼즈, 탈성장, 어머니지구의 권리, 생태여성주의, 탈세계화, 그리고 그 밖의 다른 제안들 간의 상호보완성을 이루는 과정은 다

각적이고 또 다양하다. 앞서 우리는 이러한 상호보완성과 관련해 독자로
하여금 이 길을 같이 가도록 독려할 수 있는 것들이 무엇인지에 대해서
는 거의 살펴보지 않았다. 우리는 결론의 목록을 만들기보다는, 독자들
이 다양한 시각과 접근, 전망들에서 나오는 현실, 문제, 대안들을 살펴볼
동기를 부여받길 바란다. 우리는 상호보완성이 이러한 전망들 각각을 더
강화하고, 약점을 찾아내며, 실패를 극복하고, 함께 협력하여 폭넓게 논
의되지 않았던 사안들에 대한 해답을 탐색하고, 시스템 대안을 건설하는
데 기여할 수 있다고 확신한다.

234

참 고 문 헌

비비르 비엔

Acosta, A. (2010). *El Buen Vivir en el camino del post-desarrollo Una lectura desde la Constitución de Montecristi*. Ecuador: FES-ILDIS.

Acosta, A. (2014). *Ecuador: La 'revolución ciudadana', el modelo extractivista y las izquierdas críticas*, interview with Blanca S. Fernández et. al.

Acuerdo de los Pueblos (2010). *Conclusiones del grupo 1 y 2 de la CMPCC y los derechos de la Madre Tierra*. Cochabamba, Bolivia: CMPCC.

Albó, X. (2011). *Suma qamaña = convivir bien. ¿Cómo medirlo?* in Vivir Bien: ¿paradigma no-capitalista? La Paz, Bolivia: CIDES-UMSA.

Banco Central del Ecuador (2014). *Estadísticas Macroeconómicas, Presentación Estructural*. Ecuador: BCE

Bautista, R. (2010). *Hacia una constitución del sentido significativo del 'vivir bien'*. La Paz, Bolivia: Rincón Ediciones.

Blaser, M. (2010). *Storytelling Globalization from the Chaco and Beyond*. Durham, England: Duke University Press.

Dávalos, P. (2008). *Reflexiones sobre el sumak kawsay (el buen vivir) y las teorías del desarrollo*. Ecuador, ALAI America Latina en Movimiento.

Escobar, A. (1992). *'Imagining a Post-Development Era? Critical Thought, Development and Social Movements'*. Social Text. No. 31/32, Third World and Post-Colonial Issues (1992), pp. 20-56

Estermann, J. (2012a). *Crecimiento cancerígeno versus el Vivir Bien*.

Estermann, J. (2012b). *Crisis civilizatoria y Vivir Bien*. POLIS Revista Latinoamericana.

García, A. (2006). *El 'capitalismo andino-amazónico'*. Le Monde Diplomatique.

García, A. (2007). *Fue un error no liderar el pedido autonómico, interview* in El Deber, Santa Cruz de la Sierra, January 21st quoted by Eric Toussaint in ¿Un capitalismo andino-amazónico? CADTM/Rebelión, 2009.

Gudynas, E. (2011a). *Buen Vivir: Germinando alternativas al desarrollo*. ALAI, América Latina en Movimiento, No. 462, febrero 2011.

Gudynas, E. (2011b). *'Buen Vivir: Today's Tomorrow'*. Development, volume 54, Issue 4, pp 441–447. December 2011.

Gudynas, E. (2011c). *Tensiones, contradicciones y oportunidades de la dimensión ambiental del Buen Vivir*, in Vivir Bien: ¿paradigma no-capitalista? La Paz, Bolivia: CIDES-UMSA.

Gudynas, E. (2012). *La izquierda marrón*. ALAI, America Latina en Movimiento, http://www.alainet.org/es/active/53106

Gudynas E. y Acosta A. (2014). *La Renovación de la crítica al desarrollo y el buen vivir como alternativa*. Maracaibo, Venezuela: Revista Internacional de Filosofía Iberoamericana y Teoría Social, Utopía y Praxis Latinoamericana, year 16, N°53 (April-June, 2011) pp 71-83.

Ibáñez, A. (2010). *Un acercamiento al Buen vivir*. El Salvador: Gloobalhoy n°25.

Latouche, S. (2009). *Pequeño tratado del decrecimiento sereno*. Barcelona, España: Icaria.

Mamani Ramírez, P. (2011). *Qamir qamaña: dureza de 'estar estando' y dulzura de 'ser siendo'* in Vivir Bien: ¿paradigma no-capitalista? La Paz, Bolivia: CIDES-UMSA.

Martínez-Alier, et al. (2010). *'Sustainable De-growth: Mapping the context, criticisms and future prospects of an emergent paradigm'*. Ecological Economics. Volume 69, Issue 9, 15 july 2010, pp 1741-1747

Medina, J. (2011). *Acerca del Suma Qamaña* in Vivir Bien: ¿paradigma no-capitalista? La Paz, Bolivia: CIDES-UMSA.

Ministerio de Economía y Finanzas Públicas (2014). *Bolivia: una mirada a los logros más importantes del modelo económico.*

Naess, A. (1989). Ecology, *Community and Lifestyle.* Cambridge, United Kingdom: Cambridge University Press.

Petras, J. (2012). *El capitalismo extractivo y las diferencias en el bando latinoamericano progresista.* http://www.rebelion.org/noticia.php?id=149207

Plan Nacional de Desarrollo: Bolivia Digna, Soberana, Productiva y Democrática para Vivir Bien (2007).

Prada, R. (2012). *Matricidio del Estado patriarcal. Evaluación de la ley marco de la madre tierra y desarrollo integral para vivir bien.*

Puente, R. (2011). *'Vivir Bien' y descolonización in* Vivir Bien: ¿paradigma no-capitalista? La Paz, Bolivia: CIDES-UMSA.

Puente, R. (2014). *La defensa de la Madre Tierra se redujo a mero discurso.* Bolivia: Pagina Siete January 22nd 2014.

Quijano, A. y Ennis, M. (2000). *'Coloniality of Power, Eurocentrism, and Latin America'* Nepantla: Views from the South. Vol. 1, No. 3, pp 519-532.

Ramírez, R. (2010). *Socialismo del sumak kawsay o biosocialismo republicano,* in Los nuevos retos de América Latina. Socialismo y sumak kawsay. Quito, Ecuador: SENPLADES.

Rivera, S. (1991). *Pachakuti: los Horizontes históricos del colonialismo interno.* Published by NACLA as "Aymara Past, Aymara Future". Bolume 25, Issue 3, pp 18-45.

Saunders, K. (2002). *Feminist Post-Development Though*. London, United Kingdom: Zed Books.

Stefanoni, P. (2009). *'Indianisation' du nationalisme ou refondation permanente de la Bolivie*. Alternatives Sud, Vol. 16. N°3 pp 27-44.

Villanueva, A. (2012). *¿Quo vadis socialismo comunitario para vivir bien*? http://www.rebelion.org/noticia.php?id=159941

Walsh, C. (2010). *'Development as Buen Vivir: Institutional arrangements and (de)colonial entanglements'*. Development Volume 53, Issue 1, pp 15-21.

Yampara, S. (2001). *'Viaje del Jaqi a la Qamaña, El hombre en el Vivir Bien'* in La comprensión indígena de la Buena Vida, La Paz: GTZ y Federación Asociaciones Municipales Bolivia.

탈성장

Castoriadis, C. (1998). *The Imaginary Institution of Society*. Cambridge, MA, USA: MIT Press.

Daly H. (1997).*Beyond Growth: The Economics of Sustainable Development*. Boston, MA, USA: Beacon Press.(허먼 데일리,《성장을 넘어서-지속 가능한 발전의 경제학》, 열린책들)

Daly H. (1972). *Toward a Steady-State Economy*. San Francisco, CA, USA: Freeman.

Dietz R. & O'Neill D. (2013). (prefacio Herman Daly), *Enough is Enough*. USA: Routledge.

Escobar A. (1995). *Encountering Development: The Making and Unmaking of the Third World*. Princeton, NJ, USA: Princeton University Press.

Gadrey J. (2010). *Adieu à la croissance. Bien vivre dans un monde solidaire*. Paris, France: Les Petits matins.

Georgescu-Roegen N. (1971). *The Entropy Law and the Economic Process*. Cambridge, MA, USA: Harvard University Press.

Georgescu-Roegen N. (2006). *Demain la décroissance : entropie-écologie-économie*. Paris, France: Favre. Versión original 1979.

Heinberg R. (2011).*The End of Growth: Adapting to Our New economic reality.* Gabriola Island, Canada: New Society Publishers.(리처드 하인버그,《제로 성장 시대가 온다 – 성장의 종말과 세계 경제의 미래》, 부키)

Jackson T. (2011). *Prosperity without Growth. Economics for a Finite Planet.* London, England: Earthscan.(팀 잭슨,《성장없는 번영 – 협동조합과 사회적 경제를 위한 생태거시경제학의 탄생》, 착한책가게)

Latouche S. (1986). *Faut-il refuser le développement.* Paris, France: PUF.

Latouche S. (1989). *L'occidentalisation du monde. Essai sur la signification, la portée et les limites de l'uniformisation planétaire*, Paris, France: La Découverte.

Latouche S. (2006). *Le pari de la décroissance.* Paris, France: Fayard.

Martinez Allier J. (2002). *L'écologisme des pauvres, une étude des conflits environnementaux dans le monde.* Paris, France: Les petits matins-Institut Veblen.

Meadows D. (1972). *Limits to Growth.* New York, NY, USA: Universe books.(도넬라 메도즈·데니스 메도즈,《성장의 한계》, 갈라파고스)

Rist G. (1997). *The History of Development, From Western Origins to Global Faith.* London, England: Zed Books.(질베르 리스트,《발전은 영원할 것이라는 환상 – 우리시대의 신앙이 되어버린 '발전'에 관한 인문학적 성찰.》, 봄날의 책)

Sachs W. (1992). *The Development Dictionary: A Guide to Knowledge as Power.* London, England: Zed Books.(볼프강 작스,《반자본 발전사전–자본주의의 세계화 흐름을 뒤집는 19가지 개념》, 아카이브)

커먼즈

Azam, G. (2010). *Le temps du monde fini.* Paris, France: Les liens qui libèrent.

Bollier, D. & Helfrich, S. (2012). *Wealth of the Commons: A World Beyond*

Market and State. Amherst, Massachusets, USA: Levellers Press.

Bollier, D. (2014). *Think Like a Commoner: A Short Introduction to the Life of the Commons*. Gabriola Island, BC, Canada: New Society.

Bollier, D. & Helfrich S. (2015). *Patterns of Commoning*. Amityville, NY, USA: Commons Strategy Group.

Bollier, D. (2015) *Who May Use the King's Forest? The Meaning of Magna Carta, Commons and Law in Our Time*. http://bollier.org/blog/who-may-use-kings-forest-meaning-magna-carta-commons-and-law-our-time

Bowers, C. (2006). *Revitalizing the Commons: Cultural and Educational Sites of Resistance and Affirmation*. Lanham, MD, USA: Lexington Books.

Bowers, C. (2012). *The Way Forward: Educational Reforms that Focus on the Cultural Commons and the Linguistic Roots of the Ecological Crisis*. USA: Eco-Justice Press, LLC.

Capra, Fr. & Mattei, U. (2015). *The Ecology of Law. Toward a Legal System in Tune with Nature and Community*, San Francisco, CA, USA: BerrettKohler Publishers.

Coriat, B. et al. (2015). *Le retour des communs, la crise de l'idéologie propriétaire*. France: Les Liens qui Libèrent Editions.

Dardot, P. & Laval, C. (2014). *Commun, essai sur la révolution du 21ème siècle*. Paris, France: La Découverte.

Fourier, C. (1996). *The Theory of the Four Movements*. Cambridge, England: Cambridge University Press

Gurtwirth, S. & Stengers, I. (2016). *Le droit à l'épreuve de la résurgence des commons*, Revue juridique de l'environnement, 2016/2, p. 306 – 343.

Houtart, Fr. (2009) *Pour une déclaration universelle du bien commun de l'humanité*. http://journal.alternatives.ca/spip.php?article4898.

Le Crosnier, H. et al. (2015). *En Commun, introduction aux communs de la connaissance*. France: C&F Éditions.

Linebaugh, P. (2014) Stop, *Thief!: The Commons, Enclosures, and Resistance*.

Oakland, CA, USA: PM Press.

Hardin, G. (1968). *The Tragedy of the Commons*, Science Dec Vol. 162, Issue 3859, pp. 1243-1248

Menzies, H. (2014). *Reclaiming the Commons for the Common Good*. Gabriola Island, BC, Canada: New Society.

Ostrom, et al. (2012). *The Future of the Commons: Beyond Market Failure and Government Regulations*. London, England: Institute of Economic Affairs.

Ostrom, E. (2015). *Governing the Commons: The Evolution of Institutions for Collective Action*. Cambridge, England: Cambridge University Press(엘리너 오스트롬, 《공유의 비극을 넘어 – 공유자원관리를 위한 제도의 진화》, 랜덤하우스코리아)

Ostrom, E. (2010). *La Gouvernance des biens communs, Pour une nouvelle approche des ressources naturelles*, Bruxelles, Bélgique: De Boeck. Versión original 1990.

Petrella, R. (1996). *Le bien commun: Éloge de la solidarité*. France: Éditions Labor

Samuelson, P. (1954). *The Pure Theory of Public Expenditure*, The Review of Economics ans Statistics, Vol 36, N°4.

Weston, B. & Bollier, D. (2013). *Green Governance, Ecological Survival, Human Rights and the Law of the Commons*. Cambridge, England: Cambridge University Press.

생태여성주의

Agarwal, B. (1988). *"El debate sobre género y medio ambiente: lecciones de la India"*, in Vázquez García & Velázquez Gutiérrez, pp. 239–285. Scielo, México.

Beauvoir, S. (1949).*Le Deuxième Sexe*. N.p.: Gallimard.(시몬 드 보부아르, 《제2의 성》, 을유문화사)

Carson, R. (1962). *The silent Spring*. USA: Houghton Mifflin.(레이첼 카슨, 《침묵의 봄.》, 에코리브르)

Carrasco, C. Borderías, C. y Torns, T. (2011). *El trabajo de cuidados. Historia, teoría y políticas*. Madrid, Spain: Los Libros de la Catarata.

Carrasco, C. (1999). *Mujeres y Economía: nuevas perspectivas para viejos y nuevos problemas*. Barcelona, España: Icaria.

Comunicado ecofeminista vs. el extractivismo minero en la Orinoquia (2014). Peru, november 2014.

D'Eaubonne, F. (1974). *Le feminisme ou la mort*. France: Horay.

Ecologistas en Acción (2008). *Tejer la vida en verde y violeta. Vínculos entre ecologismo y feminism*. Cuadernos de Ecologistas en Acción, nº 13.

Eisler, R. (2003). *El cáliz y la espada. España*: Cuatro Vientos. Original Version 1989.

Eisler, R. (2014). *La verdadera riqueza de las Naciones: creando una economía del cuidado*. La Paz, Bolivia: Fundación Solón, Trenzando Ilusiones. Original Version 2007.

Gebara, I. (2000). *Ecofeminismo: algunos desafíos teológicos*. Alternativas 16/17, p.: 173-185.

Herrero, Y. (2013). *Miradas Ecofeministas para transitar a un mundo justo y sostenible*. Revista de Economía Crtica, nº16, pp 278-307.

Herrero, Y. & Pascual, M. (2010). *Ecofeminismo, una propuesta para repensar el presente y transitar al futuro*. CIP-Ecosocial. Boletín ECOS nº 10, enero-marzo 2010.

Meadows, D. (1991). *The Global Citizen. Washington*: Island. Original Version 1972.

Mies, M. & Shiva, V. (1993) *Ecofeminism*. India: Kali for women.(반다나 시바·마리아 미스,《에코페미니즘》, 창비)

Otero, T. (2013). *Incompatibilidad del sistema hegemónico con la vida*. Bilbao, Alternativas feministas a la Crisis pp. 7-20.

Ostrom, E. (1990). *The Evolution of Institutions for Collective Action*. Cambridge, United Kingdom: Press Sindicate of the University of Cambridge.

Pascual, M. (2010). *Apuntes sobre ecofeminismo: las mujeres y la tierra, en Decrecimiento*. World Watch Nº 30 Hacia el cuaderno de ACSUR.

Peredo, E. (1993). *La equidad empieza por casa, hablemos del trabajo del hogar*. La Paz, Bolivia: Tahipamu.

Peredo, E. (2009). *Reflexiones sobre la agenda social en América Latina: Crisis climática, un desafío para la condición humana y para una ética de la naturaleza*. La Paz, Bolivia: Fundación Solón

Puleo, A. (2011). *Ecofeminismo para otro mundo posible*. http://www.ecologistasenaccion.org/article8728.html

Puleo, A. (2009). *Naturaleza y libertad en el pensamiento de Simone de Beauvoir. Revista de Investigaciones Feministas*. Cátedra de Estudios de Género, Universidad de Valladolid.

Shiva, V. (1995). *Abrazar la vida, Mujer, ecología y desarrollo, Cuadernos Inacabados*. Madrid, España: Horas y Horas.

Svampa, M. (2015). *Feminismos del Sur y Ecofeminismo*, Revista Nueva Sociedad No 256, marzo-abril de 2015.

어머니지구의 권리

Barlow, M. (2010). *Building the Case for the Universal Declaration of The Rights of Mother Earth*. Canada: Council of Canadians, Fundación Pachamama, y Global Exchange.

Bentham, J. (1789). *An Introduction to the Principles of Morals and Legislation*. USA: Prometheus Books.

Berry, T. (1999). *The Great Work*. New York, USA: Three Rivers Press.

Boff, L. et al. (2000). *Carta de la Tierra*.

Burdon, P. (2010). *Exploring Wild Law, The philosophy of Earth Jurisprudence*. Kent Town, S. Australia: Wakefield Press.

Burdon, P (2011). *Earth Rights: The Theory*. IUCN Academy of environmental law, e-journal issue 2011.

Cullinan, C. (2011). *Wild Law: A Manifesto for Earth Justice.* Totnes: Green.

The Rights of Mother Earth | 159

Dalai Lama, Quaki F, Benson A. (2001). *Imagine All the People: A Conversation with the Dalai Lama on Money, Politics, and Life As It Could Be.* Boston, USA: Wisdom Publisher.

Drengson, A. *Some Thought on the Deep Ecology Movement, Foundation for Deep Ecology.* http://www.deepecology.org/deepecology.htm

IBGP (2001). *Amsterdam Declaration on Earth System Science.*

Leopold, A. (1949). *A Sand County Almanac.* Oxford University Press, New York.(알도 레오폴드,《모래 군의 열두 달 – 그리고 이곳 지곳의 스케치 》, 따님)

Margil, M. & Biggs, S. (2010). *A New Paradigm for Nature - Turning our Values into Law.* Canada: Council of Canadians, Fundación Pachamama, y Global Exchange.

Millennium Ecosystem Assessment (2005). *Ecosystems and Human Well-being: Synthesis.* Washington, DC: Island Press.

Næss, A. (1973). *The Shallow and the Deep, Long-Range Ecology Movement.* Inquiry, an interdisciplinary Journal of Philosophy, Volume 16, Issue 1-4, pp 95-100.

Price, B. *What are Rights, and how can Nature "have" Rights?*

Steffen, W. et al. (2004). *Global Change and the Earth System: A Planet Under Pressure, Executive Summary.* Sweden: IGBP Secretariat, Royal Swedish Academy of Sciences.

Stone, C.(2010). *Should Trees have Standing? Third Edition.* New York: Oxford University Press.

Zimmerman, M. (1989). *Introduction To Deep Ecology.* Recovered from http://www.context.org/iclib/ic22/

탈세계화

Al-Rodhan N. (2006). *Definitions of Globalization: A Comprehensive Overview and a Proposed Definition*. Geneva: Geneva Centre for Security Policy.

Altmann J. (2011). *América Latina y el Caribe: ALBA: ¿Una nueva forma de Integración Regional?* Buenos Aires, Argentina: Teseo

Bello W. (2005). *Deglobalization: Ideas for a New World Economy.* (월든 벨로, 《탈세계화 – 새로운 세계를 위하여》, 잉걸)

Bello W. (2013). Capitalism's Last Stand? London: Zed books.

Bond P. (2003). *"Deglobalization"? Sure but...* https://systemicalternatives. org/2014/02/13/deglobalization-sure-but/

Chomsky N. (2013). *Occupy: Reflections on Class War, Rebellion and Solidarity.* New Jersey: Zuccotti Park Press. (노엄 촘스키, 《촘스키, 점령하라 시위를 말하다》, 수이북스)

Climate Space (2013). *Statement: To confront the climate emergency we need to dismantle the WTO and the free trade regime.*

Declaration of Nyéléni (2007). https://nyeleni.org/spip.php?article291

Derber C. (2003). *People Before Profit: The New Globalization in an Age of Terror, Big Money, and Economic Crisis.* New York: Picador

Economy for Life in our Earth community (2013). https://systemicalternatives. org/2014/04/23/economy-for-life-in-our-earth-community/

Focus on the Global South (2003). *The Paradigm: Deglobalization*. Focus on the Global South. http://focusweb.org/content/paradigm-deglobalisation

Focus on the Global South (2013). *Derailers' Guide to the WTO and Free Trade Regime* 2.0. Focus on the Global South. http://focusweb.org/content/derailers-guide-wto-and-free-trade-regime-20

Haas L. & Lesch D. (2016). *The Arab Spring: The Hope and Reality of the Uprisings*, 2nd Edition. Boulder, CO: Westview Press.

Harnecker M. (2015). *A World to Build: New Paths toward Twenty-first Century Socialism*. New York, NY: Monthly Review Press.

Harvey D. (2007). *Breve historia del neoliberalismo*. Madrid: Akal Ediciones.

Schwab K. (2016). *La Cuarta Revolución Industrial*. Barcelona: Debate.

Solón P. (2016). *Algunas reflexiones, autocríticas y propuestas sobre el proceso de cambio en Bolivia. La Paz Bolivia*: Fundación Solón.

Wallach L. & Woodall P. (2004). *Whose Trade Organization?: The Comprehensive Guide to the WTO*. New York: New Press

Wallerstein I. (2004). *World-Systems Analysis: An Introduction*. N.p.: Duke University Press.(이매뉴얼 월러스틴,《월러스틴의 세계체제 분석》, 당대)

상호보완성

Church, G. and Regis, E. (2014). *Regenesis: How Synthetic Biology Will Reinvent Nature and Ourselves*. N.p.: Basic Books.

ETC (2010). *Synthetic Biology: Creating Artificial life forms*. http://www.etcgroup. org/files/publication/pdf_file/ETC_COP10SynbioBriefing081010.pdf

llich, I. (1985). *La convivencialidad*. Mexico: Joaquin Mortilz. Original version1978(이반 일리치,《절제의 사회》,생각의나무)

Harvey, D. (2011). *The Enigma of Capital: and the Crises of Capitalism*. London: Profile Books.(데이비드 하비,《자본이라는 수수께끼 – 자본주의 세계경제의 위기들》, 창비)

Marx, C. (2007). *El Capital Tomo I*. Madrid: Akal Madrid. Original version 1867.(카를 마르크스,《자본론》, 비봉출판사)

Marx, C. (2010). *Contribución a la crítica de la economía política*. N.p.: Biblioteca nueva. Original version 1859.(카를 마르크스,《정치경제학 비판 요강》, 그린비)

Morton, O. (2015). *The Planet Remade: How Geoengineering Could Change the World*. Princeton : Princeton press.

OXFAM (2017). *Una economía para el 99%*. Oxfam GB para Oxfam Internacional.

Solón P. (2016). *Algunas reflexiones, autocríticas y propuestas sobre el proceso de cambio en Bolivia*. La Paz Bolivia: Fundación Solón.

다른 세상을 위한 7가지 대안

1판1쇄 발행 2018년 5월 10일   **1판2쇄 발행** 2021년 1월 20일

지은이 파블로 솔론, 크리스토프 아기똥, 주느비에브 아잠, 엘리사벳 페레도 벨트란

옮긴이 김신양, 김현우, 허남혁

펴낸이 전광철   **펴낸곳** 협동조합 착한책가게

주소 서울시 은평구 통일로 684 1동 3C033

등록 제2015-000038호(2015년 1월 30일)

전화 02) 322-3238   **팩스** 02) 6499-8485

이메일 bonaliber@gmail.com

ISBN 979-11-962410-1-8   03300

★ 책값은 뒤표지에 있습니다.

★ 잘못된 책은 구입하신 서점에서 바꾸어 드립니다.

이 도서의 국립중앙도서관 출판예정도서목록(CIP)은 서지정보유통지원시스템 홈페이지(http://seoji.nl.go.kr)와
국가자료공동목록시스템(http://www.nl.go.kr/kolisnet)에서 이용하실 수 있습니다.
(CIP제어번호: CIP2018012517)